MAXIMES D'ÉTAT

ET FRAGMENTS POLITIQUES

DU

CARDINAL DE RICHELIEU.

EXTRAIT DES DOCUMENTS INÉDITS

PUBLIÉS PAR LES SOINS DU MINISTÈRE DE L'INSTRUCTION PUBLIQUE.

MAXIMES D'ÉTAT

ET FRAGMENTS POLITIQUES

DU

CARDINAL DE RICHELIEU

PUBLIÉS

PAR M. GABRIEL HANOTAUX.

PARIS.

IMPRIMERIE NATIONALE.

M DCCC LXXX.

NOTICE PRÉLIMINAIRE.

La publication que M. Avenel a faite dans cette collection même de la *Correspondance et des papiers d'État* du cardinal de Richelieu a ouvert un jour tout nouveau sur les intentions et sur les actes du grand ministre. Malgré le soin et l'application infatigable que l'excellent éditeur, mort à la tâche, a apportés à son œuvre, il s'est trouvé que la féconde activité du cardinal de Richelieu dépassait encore son effort. Il reste à glaner derrière les pas de M. Avenel.

Il n'a pu pénétrer dans de nombreuses collections particulières où se trouvent des lettres de Richelieu que les familles des destinataires ou les amateurs conservent précieusement[1].

L'admirable dépôt des archives du Ministère des Affaires étrangères, où le corps des papiers de Richelieu subsiste, ne lui a été ouvert que très tard. Si larges qu'aient été les emprunts faits par lui à cette source, on ne peut dire qu'il l'ait épuisée.

Même le Cabinet des manuscrits de la Bibliothèque nationale, si sérieusement exploré, promet encore plus d'une heureuse rencontre aux chercheurs qui marchent sur les traces de l'éminent érudit.

Dès le temps de Richelieu, ou dès une époque très voisine de lui, des pièces importantes se trouvèrent distraites de son cabinet et furent dispersées de divers côtés. Quelques-uns de ses secrétaires conservèrent par devers eux des pièces à la rédaction desquelles ils avaient pris une part qu'ils ne pouvaient consentir à considérer comme peu importante[2].

[1] C'est ainsi que M. le comte de Mellet a pu publier récemment plusieurs lettres de Richelieu, conservées dans la famille des Bouthillier. (Voy. *Revue des Sociétés savantes des départements*, 6e série, t. V, p. 3 et 183.)

[2] De ces collections faites par les secrétaires de Richelieu, la plus précieuse certainement fut celle de Le Masle, prieur des Roches. De son cabinet, elle passa à la Sorbonne, et de là à la Bibliothèque de la rue de Richelieu, où elle est encore pour la meilleure part.

L'ensemble des documents lui-même fut confié à plusieurs reprises par les héritiers du Cardinal à des hommes de lettres chargés d'entreprendre ou son histoire, ou son apologie [1]. Des curieux sollicitèrent plus d'une fois et quelquefois obtinrent l'autorisation de consulter ces précieux papiers [2].

De ces différentes vicissitudes il résulta que, tandis que la masse énorme des documents rassemblés par Richelieu pour servir de base à l'édifice des *Mémoires* restait entre les mains auxquelles il les avait confiés lui-même en mourant [3], des morceaux précieux se détachaient de cet ensemble, acquérant par leur isolement plus de valeur peut-être et plus de prix [4].

Plus tard la masse elle-même fut déplacée. En 1705, la duchesse d'Aiguillon, petite-nièce du cardinal de Richelieu, étant morte, « un ordre du Roi « permit (c'est-à-dire enjoignit) au marquis de Torcy de retirer des mains des « héritiers ces documents de première valeur. Ils furent réunis au Dépôt des

[1] Dupleix, Vialart, Mézeray, Aubery, le P. Le Moine entreprirent successivement un travail qu'un seul d'entre eux put faire connaître définitivement au public. *L'Histoire de Richelieu* d'Aubery, et surtout les *Mémoires pour servir à l'histoire de Richelieu*, du même (2 vol. in-fol., Paris, 1650), furent les résultats de ces communications. C'est la meilleure source de l'histoire de Richelieu, jusqu'aux travaux de l'érudition contemporaine. Tallemant des Réaux donne de curieux détails sur les personnes auxquelles la famille de Richelieu fit des propositions pour entreprendre l'apologie du Cardinal. (Voy. *Historiette de Richelieu*, éd. 1865, t. I, p. 434.)

[2] Nous savons qu'en 1651 Colbert faisait copier pour Mazarin des papiers de Richelieu que la duchesse d'Aiguillon lui avait confiés. (Voy. sous cette année : *Lettres, instructions et mémoires de Colbert*, cités par A. Baschet, dans son livre sur les *Archives des Affaires étrangères*, in-8°, p. 219.) Diverses copies des *Mémoires* de Richelieu et de son *Testament* se répandirent au XVIIe siècle, par suite des communications libérales de ses héritiers. C'est là probablement aussi l'origine de la publication du *Journal du cardinal de Richelieu* faite en 1648. Nous en dirons un mot plus loin.

[3] Par une des clauses de son testament, Richelieu légua à sa nièce, la duchesse d'Aiguillon, « sa maison de Ruel et ses appartenances » : or c'est là que se conservaient ces précieux papiers qui, soixante ans plus tard, accrurent d'une façon si heureuse et si inattendue le dépôt des archives du Ministère des Affaires étrangères. (Voy. le *Testament* de Richelieu, publié en appendice à Dupleix, *Histoire de Louis XIII*, t. II, p. 375. Il a été aussi imprimé à part. Cfr. la note de Tallemant, citée plus haut.)

[4] Parmi ces morceaux, nous citerons un nombre relativement considérable de pièces préparées pour les *Mémoires* qui se trouvent maintenant à la Bibliothèque nationale, fonds français n°s 10-217, fol. 95 et suiv., et le ms. fragmentaire du *Testament politique* conservé dans les *Cinq cents Colbert*, et publié par le P. Griffet.

«Affaires étrangères, lorsqu'en 1710 il fut formé, avec la permission de «Louis XIV, dans le donjon au-dessus de la chapelle du vieux Louvre [1].»

De ce jour, ces documents, gardés dans un dépôt jaloux et pour ainsi dire inaccessible, semblaient devoir échapper à tous dangers de distraction en même temps qu'ils perdaient pour longtemps la chance d'entrer par l'impression dans le domaine du public.

Il n'en fut pas tout à fait ainsi cependant. Le transfèrement des papiers de Richelieu au dépôt du Ministère des Affaires étrangères n'était pas fait depuis cinq ans, qu'un homme dont l'histoire à peine a conservé le nom, l'abbé Legrand, fut chargé de les mettre en ordre. Il s'appliqua avec zèle à cette tâche, se passionna pour des documents dont il sentait toute l'importance, classa, résuma, inventoria; il rédigea même un «Mémoire de l'utilité de l'arrange-«ment des papiers du feu cardinal de Richelieu,» fit en un mot sur ce point une dépense d'application et de travail qui, malheureusement, resta inutile et inconnue jusqu'à nos jours. Ce bel amour des documents qu'il étudiait alla si loin, que soit négligence, soit quelque autre cause, des pièces faisant partie de la collection restèrent entre ses mains.

Heureusement il s'était établi dans le cours du XVIIIe siècle une pente qui ramenait assez naturellement vers un autre grand dépôt, la Bibliothèque du Roi, les pièces qui, par suite de divers événements, s'étaient trouvées réunies dans les collections des amateurs. L'abbé Legrand disposa lui-même par testament qu'une partie de ses papiers serait remise à la Bibliothèque du Roi; l'autre partie était par lui léguée à son grand ami, M. Clairambault. La collection de Clairambault, à son tour, fut achetée par l'ordre du Saint-Esprit et réunie en 1792 à la Bibliothèque. De sorte que tout ce qui, de ce chef, pouvait manquer au dépôt des Affaires étrangères se trouva, après un détour, faire partie du Cabinet des manuscrits de la Bibliothèque.

Mais là, tandis qu'une partie des richesses des *Mélanges* de Clairambault disparaissait dans les brûlements ordonnés par décret du 12 mai 1792, ce qui échappa au désastre devait, pendant longtemps encore, attendre des explorateurs[2], par suite du traitement barbare auquel la plupart des volumes de la collection avaient été soumis par les commissaires de la municipalité.

[1] Note du sieur Le Dran, commis aux archives des Affaires étrangères, publiée par Foncemagne, dans sa *Lettre sur le Testament politique*, à la suite de l'édition de 1764, p. 7.

[2] On sait que le classement définitif du

C'est un érudit aussi sagace que persévérant, M. A. Baschet, qui, le premier, mit le public sur la trace bibliographique du cabinet de l'abbé Legrand[1]. Dans son ouvrage sur le Dépôt des archives du Ministère des Affaires étrangères, il consacra un long et curieux chapitre au projet d'une *Académie politique,* conçu par le ministre de Torcy au début du XVIIIe siècle[2]. L'abbé Legrand avait été chargé de mettre en œuvre quelques-unes des idées du ministre. C'est en relevant dans le fonds Clairambault le résultat de ses travaux en ce sens que M. Baschet reconnut que l'abbé Legrand avait mis la main à la classification de la correspondance du Cardinal.

Sur les indications du livre de M. Baschet, nous nous portâmes à notre tour aux volumes du fonds Clairambault, espérant y suivre d'une façon plus particulière la trace des papiers de Richelieu. Notre espérance ne fut pas trompée, et parmi nombre de pièces intéressantes à d'autres points de vue, nous rencontrâmes le recueil que nous donnons ici au public.

Par sa forme générale, ce recueil était fait pour échapper à l'attention. Il est relié et catalogué sous le titre vague de *Miscellanea* dans un volume qui ne contient guère que des pièces relatives au XVIIIe siècle, le volume 521 des *Mélanges de Clairambault* (folios 1 et suiv.). Il se compose d'un ensemble de feuilles réunies comme au hasard, où l'écriture souvent interrompue change à chaque instant, et auxquelles les blancs, les ratures et les annotations marginales donnent un air de brouillards et de paperasses.

Seule la connaissance antérieure de ces écritures diverses pouvait apprendre à quelle précieuse collection nous avions affaire. Cela pour nous ne pouvait faire aucun doute, ces papiers provenaient du cabinet du cardinal de Richelieu. Le voisinage du Catalogue de la correspondance de Richelieu par l'abbé Le-

fonds Clairambault n'a été terminé que depuis peu d'années. L'honneur d'y avoir mis la dernière main revient à M. Robert, le très sympathique attaché au Cabinet des manuscrits de la Bibliothèque nationale.

[1] Notons cependant que l'incorporation des papiers de l'abbé Legrand dans le cabinet de Clairambault a été signalée dans la notice consacrée par M. Delisle aux collections de Clairambault, dans *Le Cabinet des manuscrits de la Bibliothèque nationale,* t. II, p. 20.

[2] Les détails relatifs à l'abbé Legrand, que nous donnons dans le texte, sont empruntés au volume de M. A. Baschet. Nous avons pris soin de les vérifier nous-même dans les volumes 519 et 1023, 1024 de la collection Clairambault. (Voy. Baschet, *Les Archives du Ministère des Affaires étrangères,* p. 146 et suiv.)

grand affermissait dans notre esprit une conviction qu'il s'agit maintenant de faire passer dans celui du lecteur.

Nous diviserons l'étude que nous allons faire de ces documents nouveaux en trois points : 1° leur authenticité; 2° leur nature ; 3° le profit que l'on en peut tirer pour l'histoire.

L'authenticité de ces documents résulte tout d'abord, nous l'avons dit, de la connaissance des écritures diverses que l'on y rencontre.

Il suffit d'être le moins du monde versé dans l'étude des questions relatives au mode de rédaction des écrits qui sont sortis du cabinet du cardinal de Richelieu pour ne pas hésiter un seul instant sur le point de l'attribution que nous avons faite.

On ne peut penser qu'un homme qui menait des affaires aussi importantes que le cardinal de Richelieu écrivît de sa main tout ce qui sortait journellement de son étude. Il est démontré qu'il employa toute sa vie de *quatre* à *six* secrétaires à la fois, sans parler des copistes [1]. Il est démontré aussi que l'on doit considérer comme authentiques et attribuer au Cardinal lui-même des pièces, ayant un caractère politique, dans lesquelles se rencontrent les *mains* de Charpentier, de Cherré, de Le Masle, etc. Cette considération est même si pressante que les contemporains les mieux renseignés ont le plus souvent confondu avec l'écriture du Cardinal celle de ses principaux secrétaires [2].

Il est vrai que ceux-ci s'efforçaient le plus souvent de provoquer cette erreur. Ils imitaient le mieux qu'ils pouvaient l'écriture du Ministre. On disait qu'ils avaient *sa main*.

Or, dans notre recueil de documents nous rencontrons, s'entremêlant sans cesse, non seulement l'écriture de ces divers secrétaires que nous venons de nommer, mais aussi, et en majeure partie, celle du Cardinal lui-même. De

[1] Voir dans la préface de la *Correspondance de Richelieu* le chapitre consacré par M. Avenel aux secrétaires de Richelieu (t. I, p. XVI). Nous avons rencontré fréquemment la main d'un copiste à la belle écriture régulière, tant dans le ms. Clairambault que dans la collection des Affaires étrangères. Nous la désignons dans nos notes sous le nom de *main du copiste.*

[2] M. Avenel remarque que les *fac-simile* de l'écriture de Richelieu donnés dans l'*Isographie* (3 vol. in-4°, 1827) et dans l'*Iconographie* (in-fol., 1828) ne sont pas de la main du Cardinal.

sorte que nous voyons sur une même page le Cardinal prendre, quitter, reprendre la plume, tandis que ses secrétaires poursuivent ou suspendent l'œuvre tour à tour.

Une pareille démonstration ne peut se faire complètement que par l'examen du document original. Nous avons essayé dans nos notes de faire à chacune des personnes qu'employait le Cardinal la part du travail qu'elle a fournie. Nous avons essayé de distinguer chacune des plumes qui ont été employées. On pourra comparer nos observations avec celles que M. Avenel a faites à chaque page de sa publication et avec les *fac-simile* qu'il y a joints.

Avant de quitter cette question, il convient cependant que nous ajoutions un mot sur un point spécial qui a arrêté un instant notre attention; il s'agit de l'écriture même de Richelieu. Tandis qu'à certains moments l'attribution que nous faisons de bon nombre de passages à la main du Cardinal est absolument incontestable, dans d'autres il peut y avoir quelque lieu d'hésiter. L'écriture devient plus fine et plus serrée, quelques lettres semblent formées d'une manière légèrement différente. Si ce n'était dans ces passages justement que l'on rencontre le plus fréquemment les formules personnelles employées par le Cardinal (*j'ai dit, j'ai fait,* etc.)[1], nous aurions cru à certains moments être en présence d'une écriture différente, justement de celle d'un de ces secrétaires *ayant la main,* dont nous venons de parler. Mais des considérations très pressantes, en particulier la transition insensible entre cette forme et celle un peu différente que le Cardinal emploie le plus fréquemment dans sa correspondance, nous ont amené à penser que l'écriture du Cardinal s'était légèrement modifiée avec le temps, et que l'allure qu'elle affecte habituellement se trouvait être quelque peu transformée par suite de la nature de *notes,* de *remarques,* de *fragments,* qui est celle du recueil que nous étudions.

D'ailleurs la comparaison de ces passages avec ceux du premier *fac-simile* donné par M. Avenel ne peut laisser aucun doute[2]. La concordance des dates est un argument de plus en faveur de notre attribution. Nous ferons remarquer

[1] Voy. notamment le fragment n° XXV : «Le bonhomme Coman m'a dit.....» Voy. également les fragments CLVII, CLVIII et les notes.

[2] Voy. le *fac-simile* d'une lettre de Richelieu au libraire Cramoisy dans Avenel (t. I, p. 144), d'après le texte conservé à la Bibliothèque nationale, fonds Saint-Germain-Harlay, vol. CCCLXIII, fol. 133. Cette lettre est de 1615, c'est-à-dire, relativement, de la jeunesse de Richelieu.

enfin entre ce *fac-simile* et nos passages une coïncidence de détail qui n'est pas sans importance. De part et d'autre il y a des points sur les *y*, c'est un caractère qui disparaît par la suite dans l'écriture de Richelieu.

A la preuve décisive qui résulte de l'examen des écritures, nous en ajouterons quelques autres qui viendraient, on peut le dire, par surcroît, si les considérations qui servent à les établir ne faisaient en même temps pénétrer dans une connaissance plus intime du document lui-même.

C'est à ce titre que nous relevons l'emploi de la forme personnelle fait fréquemment par Richelieu dans le cours de nos documents[1]. Quelquefois même, il semble que c'est par mégarde, et des passages dans lesquels il se désigne d'abord à la troisième personne (*le cardinal de Richelieu fit* ou *dit*) se continuent par l'emploi de la première personne[2]. Le mélange de ces deux formes dans un même fragment ne peut laisser de doutes sur l'attribution de la rédaction même au Cardinal.

Nous avons dit déjà que ce recueil de documents provient de la collection des papiers de Richelieu, et nous avons vu s'établir la série des événements par lesquels il s'est trouvé détaché du dépôt des Affaires étrangères pour venir prendre place dans un volume du fonds Clairambault, à la Bibliothèque nationale. Tous les degrés de la marche que nos documents ont suivie sont connus. Des témoignages dignes de foi les établissent. Mais sur celui même qu'ils ont dû franchir pour sortir de la grande collection et entrer dans la collection particulière de l'abbé Legrand, nous avons le renseignement le plus sûr, celui de l'abbé Legrand lui-même. Dans le catalogue de la Correspondance de Richelieu que l'abbé Legrand entreprit, et dont la plus grande partie est parvenue jusqu'à nous, en suivant les mêmes vicissitudes que notre recueil de documents, dans ce catalogue qui se trouve conservé au même volume 521 des *Mélanges de Clairambault*, nos fragments se trouvent inventoriés et classés comme faisant partie des papiers de Richelieu.

Nous croyons utile de donner *in extenso* la note de l'abbé Legrand[3] :

« Deux registres intitulés *Miscellanea*. Dans le premier coté 7, il y a beaucoup

[1] Voy. notamment les passages indiqués ci-dessus, note 1 de la page 712.

[2] C'est le cas pour le fragment CLVII. Au début d'une phrase du paragraphe 158, il y avait d'abord écrit : *j'estimay;* mais Charpentier a corrigé et a mis : *le Cardinal estima.*

[3] Voyez *Mélanges de Clairambault*, volume DXXI, fol. 209 v°.

« de papiers blancs et souvent des maximes ou sentences à côté desquelles est « écrit *Testament.*

« Page 1. Raisonnement sur la trève d'Hollande faite en 1608.

« Page 15. Metz, Toul et Verdun; usurpations sur ces éveschez par les « ducs de Lorraine; ce qu'il faut faire pour brider M. de Lorraine.

« Page 21. Le bon effet qu'on tire du secours qu'on donne aux Hollandois.

« Page 31. Sur l'importance de la Valteline.

« Page 39. Particularitez sur M. de Lüines.

« Page 41. Sermon séditieux du Père La Chaux. M. le Prince. Maximes sur « la négociation.

« Page 42. Caractère de M. d'Aligre.

« Page 47. Le connestable de Lesdiguières. Plusieurs maximes de suite.

« Page 63. Son sentiment sur l'avis qu'il avait de se retirer.

« Page 71. La Rochelle. L'Angleterre par rapport à La Rochelle.

« Page 91. Acte de réception de la paix pour la ville de La Rochelle.

« Page 93. Réponse que fit le roy à l'ambassadeur d'Espagne à l'occasion « des traittez faits par M. du Fargis. »

De cette note il résulte avec toute évidence que l'abbé Legrand considérait ces fragments comme faisant partie de la collection qu'il avait entre les mains; qu'avant même qu'il les eût reçus, ils faisaient un ensemble tout pareil à celui dans lequel ils nous sont parvenus; qu'il ne nous manque rien de ce recueil; que l'abbé Legrand voyait bien dans ces fragments l'œuvre de Richelieu, puisqu'il dit, dans la notice de la page 63 : « *Son* sentiment sur l'avis qu'*il* avoit de « se retirer. »

Ces différents points sont confirmés enfin par la découverte que nous avons faite dans la collection même des Affaires étrangères d'un autre manuscrit de ces fragments. C'est une mise au net qui certainement remonte à l'époque de Richelieu et a dû être faite d'après ses ordres.

Cette mise au net se trouve dans un volume consacré presque en entier au récit des démêlés entre la Reine mère et le Cardinal, et qui contient en particulier deux copies entières et plusieurs fragments originaux du *Journal du cardinal de Richelieu*[1]. Toutes ces pièces ont, au plus haut point, le caractère authentique. Leur seule présence à cette place dans la collection des Affaires étrangères est une preuve indiscutable de cette authenticité.

C'est justement à la suite de la copie la plus complète du *Journal du cardinal de Richelieu* que se trouvent reproduits, de la même main que les pages précédentes et sans séparation apparente, les fragments dont nous avons rencontré l'original dans le volume du fonds Clairambault. Cette mise au net porte le titre de *Mélanges*. Elle est écrite d'une écriture fine et serrée qui est évidemment celle d'un copiste à gages. Elle occupe les folios 45 à 60 (nouvelle numérotation) du volume LIX de la série *France* où elle se trouve reliée.

Ce n'est d'ailleurs ici qu'une copie; elle a par elle-même une importance moins grande que l'original. On verra, par les variantes qu'elle nous a fournies, que le copiste a été plusieurs fois inattentif, et que sur les points où elle diffère du manuscrit Clairambault, l'avantage reste en général à celui-ci.

Cependant il y a quelques morceaux où on peut relever, soit des corrections faites par l'auteur des *Fragments*, soit plutôt une intervention personnelle du copiste. C'est vers cette dernière opinion que nous penchons, quant à nous, et la véritable utilité de l'étude de ce second manuscrit nous paraît être surtout dans la preuve qu'il fournit : 1° que Richelieu avait considéré ces *Fragments* comme assez importants pour en conserver plusieurs copies et les placer au milieu de ses papiers les plus précieux; 2° que le corps de nos *Fragments* était formé du vivant même du Cardinal; 3° que l'original de la Bibliothèque nationale n'a rien perdu en chemin et qu'il est parvenu intact jusqu'à nous.

L'authenticité de ces documents une fois bien établie, voyons de quelle nature ils sont, et quel profit on en peut tirer pour l'histoire. Le titre seul de *Miscellanées* qu'ils portent dans le manuscrit, et celui que nous leur donnons de *Fragments politiques*, suffisent pour indiquer que nous n'avons pas affaire à une œuvre complète et rédigée.

Richelieu écrivait beaucoup. Si l'on considère le nombre et l'importance des affaires qu'il préparait, qu'il dirigeait et qu'il menait à bonne fin, on ne s'étonnera point de la fécondité de sa plume. Elle s'explique encore par une

[1] Voy. *Archives du Ministère des Affaires étrangères*, série *France*, année 1631, vol. LIX.

préoccupation différente et digne d'être remarquée chez un homme qui, on pourrait le croire, se trouvait accablé par des travaux et des soucis si importants et si variés. Richelieu était un écrivain, dans toute la force du terme. Il s'appliquait beaucoup au soin du style. Ambitieux même de ce genre de gloire, il en cherchait les succès près de ses contemporains et surtout près de la postérité dont il espérait emporter les suffrages et diriger les jugements.

Au début de sa carrière, alors qu'il hésitait encore entre les divers chemins qui se présentaient à lui, il avait songé un moment à suivre les pas du cardinal du Perron et à chercher dans les succès de l'éloquence et de la controverse les premières voies de sa fortune et de sa gloire.

Plus tard, quand la position exceptionnelle qu'il occupait eut mis entre ses mains la direction des grandes affaires politiques, il s'attacha à expliquer ses actes et à exposer ses desseins dans la rédaction de grands ouvrages historiques, les *Mémoires* et le *Testament politique*.

On doit croire aisément qu'un homme qui était occupé par de pareilles idées et par des travaux si importants avait pris l'habitude de confier journellement au papier la préparation de ses desseins[1] et le premier jet de ses ouvrages. Ce sont les notes qu'il prenait ainsi, ou plutôt une partie de ces notes, si curieuses au double point de vue politique et littéraire, que nous avons retrouvées et que nous publions aujourd'hui.

Mais notre rencontre, il faut le dire, n'a été ni aussi heureuse, ni aussi complète qu'elle eût pu l'être. Les morceaux qui forment le recueil conservé dans le fonds Clairambault ne se rapportent guère qu'aux premières années du ministère de Richelieu. On peut dire en gros que les événements politiques auxquels il est fait allusion s'appliquent seulement aux années 1624, 1625 et 1626. Il est vrai que quelques indices permettent de faire remonter, d'une

[1] L'une des preuves les plus curieuses et les plus importantes que l'on ait rencontrées de l'habitude qu'avait Richelieu d'écrire ses projets, est donnée, dans le temps même où s'imprime ce présent volume, par une publication du même genre. C'est un curieux mémoire de Richelieu sur les *Maximes qu'il se donnait pour se conduire à la Cour*. Ce mémoire, écrit probablement vers 1609, et certainement du vivant de Henri IV, se trouve aussi, en original, dans un volume du fonds Clairambault à la Bibliothèque nationale. L'annonce de notre publication a fort heureusement décidé M. A. Baschet à le donner au public. Le mémoire, dont nous avons eu les épreuves entre les mains, formera une élégante plaquette imprimée chez Plon.

part, la rédaction de certains morceaux à l'année 1617[1], et de faire croire, d'autre part, que Richelieu a mis la main à certains autres jusque dans le courant de l'année 1630[2]. Mais ce sont là des faits isolés. L'histoire des trois premières années du second ministère de Richelieu est la seule qui trouvera dans la présente publication des éclaircissements suivis et développés.

Certainement, l'absence des notes que Richelieu dut écrire, de la même manière, pendant les autres années de son ministère est regrettable. Mais il convient de remarquer immédiatement que cette lacune remonte haut, l'on peut dire jusqu'à l'époque de Richelieu; car la mise au net qu'il fit faire lui-même, tout porte à le croire, n'est pas plus étendue, au contraire[3], et la mention de l'abbé Legrand que nous avons citée prouve que c'est dans cet état que le recueil des notes sortit des mains de la famille du Cardinal.

Cette lacune peut d'ailleurs se combler en partie, pour l'époque la plus importante du ministère de Richelieu (les années 1630 et 1631), par la publication faite au lendemain de sa mort du singulier livre intitulé : *Journal de M. le cardinal de Richelieu*[4].

L'authenticité de ce livre (dans la partie attribuée au cardinal de Richelieu) est incontestable. La collection des Affaires étrangères, qui en contient plusieurs copies, en fait foi. Sa publication, qui fut, en 1648, une arme dirigée contre Anne d'Autriche, est un des problèmes de la critique historique, mais le point de départ de cette mise au jour se trouve certainement dans une communication infidèle des papiers de Richelieu.

Il y aura lieu de comparer les Fragments que nous publions avec le *Journal*

[1] C'est le cas pour le fragment n° I, relatif au président Charpentier. Voy. la note sur ce fragment.

[2] La date de l'édition des *Mémoires de Villars*, dont une page est citée exactement au fragment n° LXIV, nous pousse à cette conclusion. Les lettres du cardinal d'Ossat sont citées dans le fragment n° LXX. La première édition de ces lettres parut en 1624. La copie du volume des *Affaires étrangères* est reliée dans un volume daté de 1631. Le *Journal de Richelieu*, réuni dans ce même volume, est des années 1630-1631.

[3] La copie des *Affaires étrangères* s'arrête après le fragment n° CLVIII.

[4] Publié en 1648 et non en 1649, comme on le croit généralement. Voy. le Catalogue de la Bibliothèque nationale. Imprimés. Lb[36], n° 58. — Sa publication a certainement correspondu avec le grand mouvement satirique de la Fronde. Anne d'Autriche était vivement blessée par les faits intimes exposés dans le *Journal*. Voy. dans le *Magasin pittoresque* de 1880 un dessin inédit et une étude qui ont quelque rapport à la question de cette publication.

de Richelieu. On y trouvera le même esprit et la même méthode. Ce n'est point d'ailleurs le seul des ouvrages de Richelieu qui se prête à de pareils rapprochements.

Puisque le caractère de notes et de morceaux faits pour servir, et mis pour ainsi dire en réserve, est celui qui domine dans ces Fragments politiques, il faut s'attendre à y trouver les renseignements les plus divers et les plus inattendus. Citations extraites d'auteurs, indications de formules et même de tournures de phrases, antécédents invoqués pour la solution de certaines affaires, études de questions particulières, avant-projets, même des plans, des relevés de cartes, tout s'y trouve.

On y suivra à la piste, si l'on peut dire, la trace des diverses pensées qui se succédaient dans les préoccupations de ce vaste esprit. Nous avons essayé d'indiquer dans nos notes les principaux faits sur lesquels nous avons cru que l'attention de Richelieu s'était portée au moment où il écrivait ou dictait tel ou tel de nos fragments.

On trouvera ici, pour la première fois peut-être, des indications très exactes sur les lectures du Cardinal. Nous avons fait des recherches assez étendues et quelquefois assez difficiles pour attribuer à leurs auteurs les fragments que nous avons crus empruntés par Richelieu. On verra par la comparaison de nos notes que les *Politiques* (comme on disait en ce temps-là) faisaient son habituelle lecture. Il allait chercher dans les Négociations de Jeannin les origines de la question hollandaise [1]; dans les lettres du cardinal d'Ossat les traditions de la politique française à l'égard de la cour de Rome [2]; dans Guichardin [3], dans Villars [4] les détails des négociations et des guerres du XVIe siècle; jusque dans les auteurs espagnols des renseignements sur les établissements des Européens dans l'Inde [5], et dans les auteurs latins des maximes et des sentences, que l'on se faisait une mode d'introduire, à cette époque, et de recoudre pour ainsi dire dans tous les discours d'apparat [6].

Ces Fragments fourniront encore des renseignements très précieux sur les

[1] Voy. nos notes sur les fragments n°s III et suiv.

[2] Voy. notes du fragment n° XX, p. 741, et du fragment n° LXX.

[3] Voy. notes des fragments n°s IX, X et XI.

[4] Voy. notes du fragment n° LXIV.

[5] Voy. notes des fragments n°s XXXII à XXXIV.

[6] Voy. notes des fragments n^os^ V à VII; LII à LIV, etc.

pensées intimes de Richelieu à l'occasion des événements qui lui étaient contemporains et auxquels il prenait une part si considérable. La comparaison de ces notes de premier jet avec les faits montrera comment des méditations naissent les résolutions. Nos notes essayeront de donner, à cet égard, un commentaire qu'il fallait faire bref. Pour quelques points qu'une note ne pouvait expliquer que d'une façon incomplète, on nous permettra de renvoyer à des articles qui ont paru dans le *Journal des Savants*, où certaines affaires trouvent les développements qu'elles comportent, mais que n'eût pu admettre le cadre nécessairement étroit qui nous était imposé[1].

Des questions générales qui se rattachent à l'étude de notre publication, il en est une pourtant que nous aborderons ici de nouveau parce qu'elle tient intimement au corps même du document et qu'elle ne peut s'en détacher, sans lui enlever la meilleure part de l'intérêt qu'il présente. Il s'agit de la rédaction des principales œuvres du cardinal de Richelieu, et de l'authenticité de son *Testament politique*.

Nous avons indiqué déjà que les feuilles de l'original dont nous avons tiré ces *Fragments* sont couvertes de ratures et de notes marginales. Ces ratures et ces notes, faites le plus souvent d'une main différente de celles qui ont écrit les Fragments eux-mêmes, sont évidemment la marque d'une intervention postérieure. Des signes de renvoi employés fréquemment et d'une façon systématique suffisent pour indiquer l'intention formelle de transporter tel ou tel des passages barrés dans une autre œuvre plus complète.

La plupart de ces signes même nous sont connus. Le public sait aujourd'hui que la composition des *Mémoires* de Richelieu n'est le plus souvent qu'un tissu non interrompu de pièces originales, reliées entre elles par des transitions plus ou moins importantes. On a retrouvé bon nombre de ces pièces. M. Avenel a indiqué, le premier[2], que les signes auxquels on reconnaissait qu'elles avaient servi à la rédaction des *Mémoires* étaient qu'elles se trouvaient marquées en tête du mot *Employé*, en marge, de lettres ou de numéros; enfin,

[1] Voy. *Journal des Savants*, n[os] de juillet, août et septembre 1879. *Étude sur des maximes d'État et des fragments politiques inédits du cardinal de Richelieu.*

[2] Dans une série d'articles publiés au *Journal des Savants*, années 1858 et 1859. — Voy. aussi *Étude sur un prétendu supplément inédit des Mémoires de Richelieu* dans la *Revue historique*, année 1878, p. 411 et suiv.

que dans le cours de la pièce les formes personnelles de parler comme *j'ai dit... on m'écrivit...* étaient barrées et remplacées au-dessus par des formes impersonnelles comme *le Cardinal dit... on écrivit au Roi..*, etc.

La main qui fit ces corrections, M. Avenel l'a bien connue, et il l'a désignée sous le nom de *main du secrétaire des Mémoires.*

Or, parmi les documents qui forment le recueil des *Fragments*, il en est plusieurs qui portent les traces de ce travail d'accommodation [1]. Cela même suffirait pour les personnes au courant des procédés de travail du cabinet de Richelieu pour établir leur indiscutable provenance.

Ces remarques n'offriraient rien d'assez nouveau pour que nous y insistions ici, si elles ne provoquaient un rapprochement naturel entre ces signes, que M. Avenel a connus et expliqués, et d'autres signes analogues, mais non identiques, qui se trouvent sur les marges du manuscrit du fonds Clairambault. Ceux-ci, M. Avenel ne les a pas connus; cependant il s'est trouvé en situation d'apprécier leur importance à l'occasion de plusieurs rencontres du même genre qu'il fit en parcourant les volumes du Ministère des Affaires étrangères. Seulement ces rencontres assez rares et fort éloignées l'une de l'autre n'éveillèrent pas suffisamment son attention. Indiquons cependant les observations qu'il faisait à leur sujet.

A la suite d'un *Mémoire* sur la marine, qu'il date de 1625, et qu'il emprunte au dépôt des Affaires étrangères (France, 1625, t. XXIV, fol. 305), il dit : «Trois lignes de la main de Charpentier sont écrites au bas de cette «pièce, *avec un renvoi, sans qu'on puisse voir à quelle pièce elles se rapportent; mais «elles méritent d'être remarquées, parce qu'on les retrouve à peu près dans le Testa«ment politique de Richelieu.*» Voici ces lignes : «...Ce qui seroit un grand bien «puisque par ce moyen le roy d'Espagne ne pourroit unir ses forces ensemble, «qui est ce par quoi seulement sa puissance peut être redoutable [2].»

[1] Voy. en particulier les fragments n° II, XXVI, LIV, CLVIII, CLIX, etc.

[2] Avenel, t. II, p. 167.—Voici le passage du *Testament politique* : «La séparation des «États qui forment le corps de la monarchie «espagnole en rend la communication si «mal-aisée que, pour leur donner quelque «liaison, l'unique moyen qu'ait l'Espagne «est l'entretenement d'un grand nombre de «vaisseaux en l'Océan et de galères en la «Méditerranée, qui, par leur trajet conti«nuel, réunissent en quelque façon les mem«bres à leur chef..... Or, comme la côte «de Ponant de ce royaume sépare l'Espagne «de tous les États possédés en Italie par leur «Roi, ainsi il semble que la Providence de

En un autre endroit[1], M. Avenel ayant rencontré en marge d'un mémoire d'autres morceaux du même genre, écrits de la main de Richelieu, dit, en note : «Ce mémoire[2] a été corrigé par Richelieu. Nous en conservons deux passages «qui ont été refaits par lui et écrits de sa main à la marge ; le sens est resté à «peu près le même, mais des ratures assez nombreuses montrent que Richelieu «en avait étudié le style avec un soin particulier; et en effet, on y trouve cet «amour du langage figuré qui se fait remarquer ordinairement dans ce qu'il «écrit. C'est à ce point de vue, aussi bien qu'à celui de la pensée exprimée, «qu'il peut être curieux de conserver ces courts fragments. Ajoutons qu'*une «barre est passée sur l'un et sur l'autre,* soit qu'on les ait rayés après les avoir «recopiés, soit que Richelieu n'ait plus voulu s'en servir.»

Les remarques de M. Avenel sur la nature du style dont sont écrits ces morceaux sont très justes. Le lecteur pourra s'en rendre compte par la transcription que nous en donnons ci-dessous[3]. Mais ce dont M. Avenel eût pu s'aper-

«Dieu, qui veut tenir les choses en balance, «a voulu que la situation de la France séparât les États de l'Espagne pour les affoiblir «en les divisant..... Avec trente galères, «V. M. ne balancera pas seulement la puissance d'Espagne qui peut, par l'assistance «de ses alliés, en mettre cinquante en corps, «mais elle la surmontera par la raison de «l'union qui redouble la puissance des forces «qu'elle unit.» (*Testament politique*, éd. de 1764, p. 117 et 118.)

[1] Avenel, t. III, p. 177.

[2] Il se trouve aux Affaires étrangères, *France*, 1628, t. XLIX, pièce 49.

[3] Voici un des morceaux donnés par M. Avenel et le passage du *Testament politique* qui y correspond (éd. de 1764, t. II, p. 110) :

Texte donné par M. Avenel.

La mer est de tous les héritages celuy auquel tous les souverains prétendent plus de part, et cependant c'est celuy sur lequel les droits d'un chaquun sont le moins éclaircis. L'empire de cet élément n'a jamais esté bien asseuré à personne, il a esté sujet à divers changemens selon l'inconstance de sa nature, si jalouse et si pleine de vanité qu'elle s'abandonne tousjours à celuy qui la flatte le plus et qui a tant d'amour pour elle qu'il se tient en estat de la posséder par violence contre tous ceux qui pourroient luy en disputer le throne. En un mot, les vrays tiltres de cet empire sont la force et non la raison. Il faut estre puissant pour prétendre cet héritage.

Texte du Testament politique.

La mer est celui de tous les héritages sur lequel tous les souverains prétendent plus de part, et cependant c'est celui sur lequel les droits d'un chacun sont moins éclaircis. L'empire de cet élément ne fut jamais bien assuré à personne. Il a été sujet à divers changemens selon l'inconstance de sa nature, si sujette au vent qu'il s'abandonne à ce qui le flatte le plus et dont la puissance est si déréglée qu'il se tient en état de le posséder par violence contre tous ceux qui pourroient lui en disputer la domination. En un mot, les vrais titres de cette domination sont la force et non la raison; il faut être puissant pour prétendre à cet héritage.

Le second passage publié par M. Ave-

cevoir, c'est que l'un et l'autre de ces morceaux *écrits de la main de Richelieu* ont été transportés presque textuellement dans le chapitre du Testament politique : *De la puissance sur la mer.*

C'est ce qui explique le soin apporté au style, et la barre passée sur l'une et l'autre des deux phrases[1].

Ailleurs encore, M. Avenel fait une remarque de même nature à propos d'une série de réflexions qu'il trouve dans les papiers du Cardinal sur les affaires de Hollande et d'Angleterre en août 1624[2].

Il donne un extrait de ces réflexions qu'il reconnaît avoir été utilisées pour la rédaction des *Mémoires*, puis il ajoute : «Après un intervalle de quelques

nel diffère si peu de celui qui se trouve dans le *Testament politique*, t. II, p. 112, que nous le donnons seul en indiquant en note les quelques variantes du *Testament* :

«Ce duc (c'est de Sully qu'il est question), ambassadeur extraordinaire en Angleterre[a], s'estant embarqué à Calais dans un vaisseau françois qui portoit le pavillon de France au grand mât, ne fut pas plustost à my canal que, rencontrant une roberge qui venoit pour le recevoir, celuy qui la commandoit fist commandement au vaisseau de France[b] de mettre le pavillon bas. Le duc, croyant que sa qualité le garantiroit d'une telle offense[c], reffusa avec audace ce qui estoit prétendu avec injustice[d]; mais ce reffus estant suivy de trois coups de canon tirés à bale[e], qui, perçant son vaisseau, percèrent le cœur aux bons François tout ensemble[f], la force le contraignist à ce dont la raison le devoit deffendre; et, quelque plaincte qu'il peust faire, il n'eust jamais autre responce[g] de ce capitaine anglois, sinon qu'ainsy que son devoir l'obligeoit à honorer sa qualité d'ambassadeur, il l'obligeoit aussy à faire rendre au pavillon de son maistre l'honneur qui estoit deu au souverain de la mer. Si les paroles du roy Jacques furent plus civiles, elles n'eurent pourtant d'autre effet que d'obliger le duc à tirer sa[h] satisfaction de sa prudence par dissimulation, feignant estre guéry lorsqu'il sentoit que son mal estoit plus cuisant et que sa plaie estoit incurable.»

[1] Voy. aussi la note de M. Avenel et le fragment qu'il publie à la page suivante.

[2] Affaires étrangères, *Hollande*, t. IX, pièce 89. (Avenel, t. VII, p. 543.)

[a] Var. du *Testament : choisi par Henry le Grand pour faire une ambassade extraordinaire en Angleterre.*

[b] Var. : *François.*

[c] Var. : *d'un tel affront.*

[d] Le texte du *Testament* porte simplement : *le refusa avec audace.*

[e] Var. : *a boulets.*

[f] Var. : *aux François.*

[g] Var. : *d'autre raison.*

[h] Le texte de l'édition du *Testament* oublie le mot *sa*, ce qui rend la phrase presque inintelligible. Les mss. du *Testament* portent ce mot.

« lignes de blanc, le manuscrit cité aux sources met ce paragraphe, *qui a été* « *barré*, peut-être par celui qui a préparé la pièce pour les Mémoires : « Quand « on est parvenu par beaucoup de peines, plusieurs périls et hasards, au « comble d'une grande réputation, la prudence veut qu'on se mette à couvert « de l'inconstance de la fortune, qui, tournant tousjours, montre en un temps « le derrière à ceux qui, en un autre, l'avoient tousjours veue au visage. »

Que l'on rapproche maintenant ces extraits des papiers de Richelieu, et les notes dont M. Avenel les accompagne, des Fragments que nous publions et des notes que nous y avons jointes nous-même, on verra qu'Extraits et Fragments sont œuvres absolument analogues, que les papiers de Richelieu pouvaient (comme la chose est évidente aujourd'hui par la découverte du second manuscrit de notre document) fournir une moisson identique à celle que nous offrons au public; enfin, que, par le seul examen des pièces publiées par M. Avenel, on arrive à cette conclusion, que Richelieu éparpillait sur ses papiers, au fur et à mesure de ses pensées, des notes et des réflexions qu'il faisait entrer, plus tard, dans le corps de ses ouvrages.

C'est à l'égard du *Testament* surtout que cette remarque présente le plus haut intérêt. Nous insisterons tout à l'heure sur ce point. Que l'on nous permette seulement, avant de l'aborder définitivement, de prouver que ce n'est point seulement au sujet de ses œuvres historiques que Richelieu employait ce mode de travail, mais qu'il s'en servait même pour les pièces de politique courante, pour ses discours, pour ses lettres, pour ses mémoires au Roi.

Si nous laissons de côté les signes qui se rapportent à la rédaction des *Mémoires*, nous remarquerons en marge de nos fragments deux sortes de renvois : les uns sont une croix +, ou une sorte de *phi* grec Φ, les autres sont des mots, des titres d'ouvrage ou de chapitre. En général, quand un fragment est ainsi marqué en marge, il est aussi barré. Cela veut dire qu'il a été transporté ailleurs. Eh bien ! c'est une règle à peu près générale que les passages marqués d'un signe et barrés ont été transportés dans une pièce de politique courante. Nous avons essayé de retrouver dans les pièces publiées jusqu'ici les morceaux empruntés à nos fragments. Nos recherches ont abouti le plus souvent; on en verra le résultat dans les notes.

Donnons pourtant ici une mention tout à fait spéciale à un important mémoire adressé au Roi par Richelieu, en 1629, et dans lequel nous avons remarqué un plus grand nombre de ces emprunts. Il a été publié dans le corps des *Mémoires* de Richelieu[1], où il s'est fondu par la suite. Mais M. Avenel en a donné une édition beaucoup meilleure d'après les manuscrits qui se trouvent séparément dans deux volumes du Ministère des Affaires étrangères[2].

Ce mémoire si important, écrit au lendemain de la prise de La Rochelle et dans lequel Richelieu adresse au Roi des remarques pleines de grandeur, de noblesse et de franchise, doit beaucoup à nos Fragments. Chacun des passages qu'il leur a empruntés est marqué sur les feuillets du fonds Clairambault des signes que nous avons indiqués, et d'autre part, sur le manuscrit du mémoire, ces passages sont écrits en marge comme un emprunt fait après coup, et Richelieu lui-même indique par des mots comme *Marge, Corps,* la place qu'il prétend leur donner dans la rédaction définitive du mémoire[3]. Si l'on ajoute que quelques-uns de ces passages ont aussi été utilisés dans le *Testament politique*, on verra par quelle transition insensible et dont le fil ne peut être rompu, le recueil des Fragments se rattache 1° aux pièces de politique courante du Cardinal, 2° à la rédaction des *Mémoires*, 3° enfin à celle du *Testament politique* dont il établit définitivement l'authenticité.

C'est sur cette dernière question qu'il nous reste à insister maintenant. Nous avons dit qu'outre les signes, on trouvait en marge de notre manuscrit des mots de renvoi. Or ces mots ont une importance singulière. C'est le plus souvent le mot *Testament*. Ce sont les mots *Conseil*, *Négociation*, titres de certains chapitres du *Testament*. Si l'on ajoute que tous les passages en marge desquels ces mots sont écrits sont *barrés dans le texte*, et qu'on les retrouve plus ou moins modifiés, plus ou moins fondus, mais tout à fait reconnaissables dans le corps du *Testament politique*, on sentira la force singulière apportée par la publication de ces Fragments à l'appui de l'opinion qui soutient que le *Testament politique* est bien l'œuvre de Richelieu.

Nous ne voulons point renouveler ici l'exposé de cette longue querelle qui est devenue si bruyante vers le milieu du siècle dernier par suite de l'intervention de Voltaire. Nous rappellerons seulement qu'un érudit distingué, Foncemagne, battit en brèche d'une façon si fine et si solide à la fois l'argumentation

[1] Voy. *Mémoires de Richelieu*, édition Petitot, t. IV, p. 247 et suiv., liv. XX. Cfr. Avenel, t. III, p. 179 et suiv.

[2] *France*, 1624-1627, t. VII (relié en vert et non coté), et t. XLIV, fol. 158-179, minute de la main de Le Masle, avec divers passages de la main du Cardinal et de celle de Charpentier. (Indication de M. Avenel.)

[3] Voy. en particulier les notes 2 et 3 de la page 189 du tome III de M. Avenel.

par laquelle Voltaire prétendait reléguer le *Testament* dans les *Mensonges imprimés*, que les meilleurs esprits se sentirent portés décidément vers l'affirmation de l'authenticité [1]. Cependant Voltaire lui-même ne voulut jamais se rallier à l'opinion de son adversaire. Il semble que le maximum des concessions qu'il ait voulu faire sur cette question, même après la découverte du manuscrit fragmentaire des Cinq Cents Colbert, se trouve consigné dans *l'Arbitrage entre M. de Voltaire et M. de Foncemagne* qui se trouve relié souvent à la suite de la dernière édition du *Testament politique*.

Cette opiniâtreté de l'illustre écrivain ne s'explique guère que par le désir de maintenir jusqu'au bout une opinion une fois prise et soutenue en public. Il faut tenir compte aussi du faux point de vue littéraire auquel Voltaire s'était placé pour apprécier l'œuvre de Richelieu. Il s'étonnait surtout de ne pas y

[1] Pour la bibliographie de cette intéressante querelle, le mieux est de consulter l'article du P. Lelong, n° 32, 431, et l'article *Testament politique* dans les *Supercheries littéraires* de Quérard.

Il faut y joindre un article de M. Hiver de Beauvoir, paru dans le premier volume, premier semestre (1857), du *Bulletin du Bouquiniste*, p. 211 et 267.

On trouve quelquefois reliés ensemble par des amateurs du XVIIIe siècle les principales pièces du procès.

Nous avons entre les mains un petit volume factice qui comprend : 1° des *Mensonges imprimés*, détachés du volume où ils parurent à la suite de *Sémiramis, tragédie*, 1740, in-12 (p. 161-182); 2° *Chapitre II sur les Mensonges imprimés*; 3° *Chapitre III sur les Mensonges imprimés*, avec ce sous-titre : *Raisons de croire que le Testament politique du cardinal de Richelieu est un livre supposé*; 4° *Lettre à M. de Schulemberg*; ces trois dernières pièces également détachées d'un volume (p. 159-212); 5° la *Lettre sur le Testament politique* (par Foncemagne), 1re édition, in-12, 1750, s. l.; 6° *Réfutation du sentiment de M. de Voltaire*, qui traite d'ouvrage supposé, etc., 1750, s. l., in-12. — On trouve aussi souvent de ces pièces en appendice à l'édition du *Testament politique* de 1764. La *Lettre de Foncemagne*, 2e édition, en fait toujours partie. L'exemplaire que nous avons sous les yeux contient en appendice : 1° les *Observations historiques sur le Testament politique*, publiées pour la première fois dans l'édition de 1749, chez Van Duren; 2° la *Lettre sur le Testament politique du cardinal de Richelieu*, imprimée pour la première fois en 1750 et considérablement augmentée (153 pages avec l'*Extrait de l'Histoire* et les *Épitaphes*; le *Testamentum Christianum* et le *Testamentum Politicum* n'ont pas été réimprimés); 3° *Doutes nouveaux sur le Testament attribué au cardinal de Richelieu*, par M. de Voltaire (à Genève; se trouvent à Paris, chez Duchesne, 1765), suivis des *Nouveaux Doutes*, etc., suivis encore de la *Lettre écrite depuis l'impression des Doutes*, le tout faisant une plaquette in-8° de 71 pages; 4° l'*Arbitrage entre M. de Voltaire et M. de Foncemagne* (23 pages, in-8°).

rencontrer «un goût épuré» (comme on disait au XVIIIe siècle), sans vouloir admettre que l'absence de ce goût n'a rien qui doive étonner dans les écrits d'un homme qui était autre chose qu'un écrivain de profession et qui avait fait son éducation littéraire dans les dernières années du XVIe siècle. C'est par un défaut de critique analogue que Voltaire s'est, plus d'une fois, trompé dans son Commentaire sur les tragédies de Corneille.

D'ailleurs, s'il faut en croire un témoignage qui semble de bonne source et qui pour la première fois peut-être est invoqué dans la question, l'obstination de Voltaire sur ce point passait les bornes et allait à ne vouloir rien entendre. Mme de Genlis, dans ses *Souvenirs* [1], raconte une conversation qu'elle eut avec Mme d'Egmont, fille du maréchal de Richelieu : «Elle m'a, dit-elle, con«firmé dans l'opinion que j'avois sur le Testament du cardinal de Richelieu : «elle nous a dit que le maréchal de Richelieu avoit écrit et répété à Vol«taire qu'il étoit inconcevable qu'il s'obstinât à révoquer en doute l'acte le «plus authentique dont l'original existoit, etc. Mais qu'à tout cela Voltaire «avoit répondu qu'à cette occasion la vérité étoit si peu vraisemblable qu'il ne «se rétracteroit point.»

Si cette anecdote est vraie, et rien ne nous porte à la mettre en doute, on voit que le patriarche de Ferney avait sur ce point son siège fait; et son opinion n'a guère d'autre valeur que celle d'un illustre entêtement. On peut courir le risque de se tromper en bonne compagnie en se ralliant au sentiment contraire qui fut celui d'Amelot de la Houssaye [2], de La Bruyère [3], de Fé-

[1] *Souvenirs de Félicie L****, par Mme de Genlis, 2e édition, 1806, 2 vol. in-12 (t. I, p. 42). Je dois la connaissance de ce curieux passage, perdu dans un livre qu'on lit peu, à la bienveillante indication d'un amateur distingué, M. de Courcel, qui s'est lui-même occupé de la question du *Testament politique*.

L'affirmation de Mme d'Egmont est confirmée par celle d'Huet : «Peu de temps «après que cet ouvrage parut, beaucoup «de personnes intelligentes le soupçon«nèrent de supposition. Quoique je fusse «fort éloigné de ce sentiment, je priai «M. le duc de Richelieu de m'éclaircir sur «la vérité de ce fait. Il m'assura que le livre «étoit véritablement de son oncle; que ses «papiers passèrent, après son décès, entre «les mains de madame la duchesse d'Aiguil«lon, laquelle étant morte, ce *Testament* fut «tiré de son cabinet où il l'avoit vu plusieurs «fois, et ensuite rendu au public.» (*Mémoires de Trévoux*, 1750, févr., 1er vol., p. 357.)

[2] Voy. la note de Foncemagne, *Lettre sur le Testament*, 2e édition, p. 79.

[3] *OEuvres de La Bruyère*, édition Servois, Hachette, 1865, t. II, p. 458.

nelon[1], de Villars[2], et de la plupart des excellents esprits des deux derniers siècles.

D'ailleurs il ne s'agit plus seulement aujourd'hui d'une simple hypothèse plus ou moins solidement établie, il s'agit d'un fait. Je ne sais si Voltaire qui ne rendit pas les armes devant la découverte d'un fragment du manuscrit annoté d'une main que l'on croyait, en ce temps-là, être celle de Richelieu[3] et qui était au moins celle d'un de ses principaux secrétaires[4], et qui ne céda pas devant l'insistance du maréchal de Richelieu affirmant que le manuscrit était conservé dans la famille, je ne sais, dis-je, si Voltaire pourrait refuser sa conviction à l'évidente démonstration que fournit notre manuscrit.

Mais il est certain que, pour qui voit ces morceaux écrits de la main de Richelieu ou dictés par lui, marqués en marge du mot *Testament* et reportés ensuite dans la rédaction de celui-ci, le doute ne peut pas être permis.

Toutes les traces d'une préparation littéraire et personnelle y apparaissent. Ou il faut nier tout ce que nous connaissons de plus avéré et de plus authentique sur la préparation des œuvres de Richelieu, il faut nier l'authenticité des *Lettres*, il faut nier l'authenticité des *Papiers d'État*, il faut nier l'authenticité des manuscrits conservés au Ministère des Affaires étrangères, il faut nier l'évidence, ou il faut accepter l'authenticité du *Testament politique*.

Non pas que nous prétendions pousser notre démonstration jusqu'à cet excès d'affirmer que Richelieu n'ait pas eu recours à ses auxiliaires habituels pour la rédaction du *Testament*[5]. Certainement il est plusieurs chapitres du *Testament* où l'on peut reconnaître la trace d'une intervention étrangère. Mais

[1] Voy. *Revue politique et littéraire*, n° du 23 janvier 1875 : *Mémoire inédit de Fénelon*, publié par M. Gazier.

[2] Lenglet-Dufresnoy. *Méthode pour étudier l'histoire*, in-4°, t. IV, p. 100.

[3] Le fragment de la *Narration succincte* trouvé par le P. Griffet dans les Cinq Cents Colbert et publié par lui en appendice au t. III de son *Histoire de Louis XIII*.

[4] Charpentier.

[5] On trouve dans les papiers de Richelieu plus d'une preuve de ce que raconte Tallemant des Réaux : «Le Cardinal faisoit «travailler plusieurs personnes aux matières; «après il choisissoit et choisissoit passablement bien.» On pourrait ajouter : il corrigeait et corrigeait supérieurement. — Mais on peut reconnaître qu'en tout ce qui est des matières, Richelieu faisait faire la première besogne. Il y a un mot de Tallemant qu'on peut citer encore ici : «A parler succinctement (c'est-à-dire quand il parlait brièvement), il étoit admirable et délicat.» Voy. *Historiette de Richelieu*, édition 1865, t. I, p. 433 et 434.

certainement aussi, de tous les ouvrages attribués au cardinal de Richelieu, il n'en est point où elle soit moins fréquente que dans le *Testament;* ç'a été son œuvre de prédilection, c'est là que l'on reconnaît le plus habituellement la marque de son esprit, la trace de sa main, la griffe du lion.

Si c'était ici le lieu d'entrer dans une discussion littéraire, nous oserions disputer même à Voltaire le reproche qu'il fait à cette œuvre d'être de mauvais goût. Des passages, des chapitres entiers sentent leur écrivain de bonne race. Même quand il emprunte aux autres, Richelieu sait modifier de telle sorte qu'on peut dire que la chose est bien de lui et qu'elle est bien à lui. Que le lecteur lise bon nombre de nos fragments, notamment les n[os] CIV, CVIII et suivants, il verra ce dont le Cardinal, même dans le premier jet, était capable en fait de style. Il ne s'étonnera plus de rencontrer dans le *Testament* des chapitres aussi absolument admirables (en dépit de Voltaire) que le chapitre intitulé : *Du Conseil du Prince,* où Richelieu a mis toute son âme et tout son génie.

Rendre une pareille œuvre à un pareil homme, c'est un motif qui, à lui seul, explique et justifie la publication de nos *Maximes d'État et Fragments politiques.*

Nous espérons que ce n'est pas là le seul intérêt que le public trouvera à leur lecture.

Il y rencontrera l'occasion de pénétrer d'une façon plus intime dans le génie d'un homme qui fut des plus grands parmi ceux dont la France s'honore. En l'étudiant de plus près, il s'accoutumera certainement à le juger d'après lui-même et d'après les faits, et non d'après cette fausse image et ces récits de fantaisie que l'histoire a empruntés trop souvent aux propos légers de quelques-uns de ses contemporains ou aux réquisitoires violents de ses ennemis.

MAXIMES D'ÉTAT

ET FRAGMENTS POLITIQUES

DU

CARDINAL DE RICHELIEU.

MISCELLANEA.

I[1].

Parlement. — *Exemple pour le président Chevalier*[2]. — Le Roy Henri IIe dist au s[r] Lizet, premier président de Paris s'estant esmancipé de parler en une harengue au Roy plus licentieusement qu'il ne devoit, le Roy lui escrivit le lendemain qu'il n'entrast plus au Pallais et fut déposé de sa charge et fait abbé de Saint-Victor[3]; et M. Bertrandi, qui fut depuis chancelier, fut des lors mis en sa place[4].

[1] De la main de Charpentier.

[2] Ces mots manquent dans la copie des Affaires étrangères.

L'abbé Puyol, dans son étude sur Edmond Richer (t. II, p. 155), raconte «qu'en «1617, le président Chevalier, du Parle«ment de Paris, s'étant oublié dans l'assem«blée de Rouen à parler avec peu de respect «de la cour de Rome et des affaires ecclé«siastiques, le Roi l'ayant appris, lui fit dire «que s'il recommençait, il le ferait jeter dans «la rivière.» Ce détail semble emprunté à la correspondance de Bentivoglio. C'est à ce fait, évidemment, qu'il est fait allusion dans le fragment n° I. On peut en conclure qu'il a été écrit en 1617.

[3] Ce n'est pas ainsi que le Dictionnaire de Moréri raconte la chute du président Lizet (président de 1529 à 1550). Il raconte, d'après de Thou, qu'il succomba sous la haine du cardinal de Lorraine, parce qu'il avait, dans le Parlement, refusé le titre de princes à ceux de cette maison et qu'il lui avait tenu tête dans le conseil. Comme il était très pauvre, on lui donna l'abbaye de Saint-Victor pour le faire subsister. Il mourut en 1554. Cf. Blanchard. *Hist. des prem. présidents*, in-fol., p. 65.

[4] Bertrand des Bertrandi, de Toulouse, obtint les plus hautes charges dans le parlement de Paris par la protection d'Anne de Montmorency. Il fut premier président en

II.

Il est de beaucoup de grands comme des feux d'artifices. Il est aysé de les faire jouer, mais impossible de les faire tousjours durer en ce jeu.

III.

TREFVE DE[1] HOLANDE[2]. Ce qui empeschera autant de la part du Roy d'Espagne la Trefve de Holande, seront trois points sans lesquels il auroit honte de la faire.

1550 et eut la commission de garde des sceaux en 1551. Archevêque de Sens quelques années plus tard, puis cardinal, il mourut en 1560. V. Blanchard, *loc. cit.*

[1] Ces deux mots manquent dans la copie des Affaires étrangères.

[2] En 1624, quelque temps après l'entrée de Richelieu dans le conseil, les ambassadeurs de Hollande vinrent trouver le roi à Compiègne pour lui demander secours contre la maison d'Autriche. Richelieu donne dans ses *Mémoires** un extrait du mémoire qu'il adressa au roi pour l'engager à répondre favorablement à leur demande. Il n'est pas sans intérêt de faire remarquer qu'il insiste tout particulièrement sur cette raison, que c'était là reprendre la politique du roi Henri IV, interrompue depuis sa mort. Nous avons d'ailleurs la preuve que Richelieu, en traitant cette question, avait sous les yeux les *Négociations du Président Jeannin*, qui pourtant ne furent publiées qu'en 1656.

C'est une autre remarque bien curieuse que les raisons développées dans le texte sont précisément contraires aux allégations contenues dans le mémoire au roi. Dans le mémoire, en effet, Richelieu développe cette idée qu'il faut conserver une alliance très étroite avec les Hollandais, de peur que, de guerre lasse, ils ne se jettent dans les bras de l'Espagnol; lui-même, ajoute-t-il, très disposé à traiter avec eux sur un pied d'amitié. Cependant les raisonnements de notre texte me semblent assez solides pour prouver décidément contre la réalisation d'une pareille alliance. — Richelieu pensait-il autrement? — ou plutôt ne faut-il pas admettre que, nouveau venu dans le conseil, il craignait de dévoiler tout d'abord toutes ses batteries, et occupait l'esprit de ses collègues d'un vain fantôme, réservant pour lui-même les mûres raisons et les desseins médités de longue main? Il était de son jeu, à cette époque, de se faire passer pour ignorant sur les matières de l'extérieur. Quand il refusait d'abord le ministère que lui offrait la Vieuville, il lui écrivait en ces propres termes : «[Cette place] est périlleuse «pour le cardinal qui appréhende avec «grandes raisons tel employ, estant certain «que la conduicte des affaires étrangères, «*qu'il recognoist n'estre pas en luy***, est la «chose la plus importante de ce royaulme.» (Avenel, I, 785.)

Voy. sur ce point spécial le travail que nous avons publié dans le *Journal des savants* (n° d'août 1879, p. 504 et suiv.).

* T. II, p. 312 et suiv., édition Petitot. — ** Ajouté de sa propre main, dit Avenel.

Par la premiere trefve, il traitte avec les Holandois comme souverains : Maintenant il voudroit quelque terme moins avantageux pour eux, ce qu'ils ne consentiront jamais.

Il voudroit que le commerce d'Anvers durant la Trefve fust libre par mer et par terre, et ils en feront grande difficulté à cause que cela prejudicieroit à celuy d'Ansterdan. Toutesfois[1] peut estre se relascheroient ils à ce point [parce] que le négoce estant desja estably à Ansterdan, on seroit longtemps à changer d'habitude.

Le 3e point est qu'il voudroit qu'il y eust trefves pour les Indes, et que les Holandois n'y envoyassent point de flottes et quitassent tout à fait ce commerce, qui est ce qu'ils ne feront jamais, tant parce qu'ils y[2] sont desja forts, y ayant vingt-quatre places fortifiées et deux ou trois roys sous leur subjection, que parce que le profit de leur negociation y est seur; que parce enfin que la puissance d'Espagne ne peut estre traversée en chose plus importante que[3] sur mer, en ce qui est des Indes. D'autant que si la flotte ne vient, le Roy d'Espagne, qui est tres grand terrien, ses forces sont un corps sans ame qui ne se peut mouvoir sans or qui est le nerf des armées.

IV[4].

Ceste année 1624[5], à peyne le Roy d'Espagne pourra il mettre armée en campagne pour la Flandre, la flotte n'estant point[6] venue.

V[7].

Alexandre[8] ayant entendu louer les hauts faits de son père Philipes par un vieil cavalier nommé Clytus, le tua d'une pertuisane qu'il arra-

[1] Manque dans la copie.

[2] *Idem.*

[3] *Idem.*

[4] Ce paragraphe est barré.

[5] La copie des Affaires étrangères porte 1642. Mais c'est évidemment une erreur. Peut-être pourrait-on conclure de cette erreur même que la copie est postérieure à 1642.

[6] La copie porte *pas* au lieu de *point.*

[7] Ce paragraphe est de la main de Céberet. La copie des Affaires étrangères porte comme titre : *Un homme avide de gloire ne peult supporter celle d'aultruy.*

La substance de ce paragraphe est empruntée aux récits de Quinte-Curce (l. VIII. ch. 1).

[8] Les mots *le Grand* sont ajoutés sur la copie.

cha à un de ses gardes. Sur le coup il reprochoit au mort[1] les louanges et la deffense de Philipes. Mais, apres que sa rage fut assouvie, qu'il fut rentré en soy-mesme[2] et que la raison eut pris la place de la colere, qu'il eut considéré tantost la personne du mort, tantost le subjet pour lequel il l'avoit tué, il commance à se repentir de sa faute, dont il eust tant de desplaisir qu'on eut beaucoup de peine d'empescher qu'il ne se tuast luy mesme.

VI[3].

Alexandre, apres estre devenu extremement cruel, jusqu'à ce point[4] que de faire mourir ses propres serviteurs pour de foibles ombrages, fut empoisonné par Antipater[5], l'un de ses favoris, et ainsy mourut de mort violente : Recompense ordinaire de ceux qui s'adonnent extraordinairement au sang et qui abusent de leur authorité au préjudice de la vie des hommes.

VII.

La mère de Darius se tua voyant la mort d'Alexandre, non qu'elle préférast à son fils celuy qui luy avoit fait la guerre, mais parce qu'elle avoit trouvé la pieté d'un vray fils en celuy qu'elle craignoit comme un ennemy[6].

VIII[7].

Le grand duc disoit qu'il aimoit mieux un homme corrompu, que

[1] Ces deux mots manquent dans la copie.

[2] Ce dernier membre de phrase manque dans la copie.

[3] Le manuscrit des Affaires étrangères porte en marge : *Mort violente, punition ordinaire de la cruauté.*

[4] Ces trois mots manquent dans la copie.

[5] Au-dessus de ce mot est écrit d'une autre main dans le ms. : *Cassander.* La copie joint dans son texte les deux noms : *Cassander Antipater.* — C'est ici une sorte de preuve que Richelieu a suivi le récit de Quinte-Curce, ou du moins celui des auteurs des suppléments antérieurs à son époque. Car on lit dans le livre X d'une traduction contemporaine, qu'Antipater et Cassander furent les auteurs de la mort d'Alexandre. Cf. l'*Histoire des faicts d'Alexandre le Grand*, composée par Quinte-Curce et tournée du latin en françois par Nicolas Leguier, Parisien, Paris, in-4°, 1622, liv. X, fol. 307, 5.

[6] Cf. Quinte-Curce, liv. X, chap. v, p. 310 de la traduction.

[7] La copie des Affaires étrangères porte

non pas un qui estoit facile en toutes choses, parce, disoit-il, que le corrompu n'est sujet à estre attaqué et vaincu que par ses interets qui ne se rencontrent pas toujours, là [1] où le facile est attaqué de tout le monde qui l'entreprend d'autant plus volontiers que tout chacun scait qu'il ne peut resister.

IX[2].

M. de Chaumont, lieutenant pour le Roy [3] Louis XIIe en Italie, re-

en marge : *La facilité plus mauvaise en un ministre que l'avarice.* — Sur le ms. ce paragraphe est barré. En marge une croix ✠ et le mot *Conseil.*

Ce passage se trouve dans le Testament politique : « Je ne puis passer en ce rencontre sans dire ce que Ferdinand, grand-duc de Florence, qui a vécu de notre temps, disoit à ce propos, qu'il aimoit mieux un homme corrompu que celuy dont la facilité étoit extresme, parce, ajoutoit-il, que le sujet corrompu ne se peut pas toujours laisser gagner par ses interets qui ne se rencontrent pas toujours, au lieu que le facile est emporté de tous ceux qui le pressent, ce qui arrive d'autant plus souvent qu'on connoit qu'il n'est pas capable de résister à ceux qui l'entreprennent. » (*Testament politique,* ch. VIII, sect. III. Édit. de 1764, t. I, p. 272. *Qui représente quelle doit être la probité d'un bon Conseiller.*) — Ce passage avait déjà servi dans un mémoire qu'en 1629 Richelieu adressa au roi. Voy. *Mémoires,* t. IV, p. 266; cf. Avenel, t. III, p. 197, note.

[1] Le mot *là* manque dans la copie.

[2] Ce paragraphe IX, ainsi que le suivant, est traduit mot pour mot des paroles que Guichardin met dans la bouche du comte de Chaumont, qui commandait alors les troupes françaises en Italie. Le fait dont il s'agit se rapporte à l'année 1510. Maximilien avait été très irrité contre les villes de Vérone, Vicence et Padoue, qui, après avoir été mises entre ses mains par Léon X, s'étaient révoltées contre lui. Une armée composée de Français, commandés par le comte de Chaumont, neveu du cardinal d'Amboise, et d'Allemands, commandés par le prince d'Anhalt, reprit Vicence. Les Vicentins demandèrent leur grâce au lieutenant de Maximilien. Mais il leur fit répondre rudement. C'est alors qu'ils recoururent à Chaumont, gouverneur du Milanais, et que celui-ci leur tint, d'après Guichardin, le discours qui est ici rapporté par Richelieu. Nous donnerons quelques lignes du texte italien afin de faciliter la comparaison : « La mansuetudine di Cesare essere grandissima, nè doversi credere, che il Principe nobile di sangue, ed eccellente capitano havesse a fare cosa indegna della sua nobilità, e della sua virtù; nè dovergli spaventare l'acerbità della riposta, anzi esser da desiderare, che gli animi generosi et nobili si traportino con le parole : perche spesso havendo sfogato parte dello sdegno; in questo modo si allegeriscono l'asprezza de'fatti. » (Guicc., lib. IX, éd. de 1616, fol. 246 v°.)

[3] Les mots *le Roy* manquent dans la copie.

montra aux Vincentins[1] que la douceur et[2] humanité de l'Empereur, qui estoit ligué avec Louis XIIe contre les Vénitiens[3], estoit tres grande et qu'il n'estoit croyable qu'un prince de noble sang et excelent capitaine deust faire chose indigne de sa noblesse et de sa vertu, et qu'ils ne devoient estre estonnez de la rude response qu'on leur avoit faite, ains qu'on devoit desirer que les esprits nobles et généreux vinssent à se transporter avec les[4] paroles, par ce que bien souvent[5], jettans dehors[6] par ce moyen une partie de leur courroux, la rigueur de leurs faits s'en adoucissoit.

X[7].

André Griti, Venitien, en une harengue qu'il fit au Senat, dit que si le Roy de France tenoit[8] le duché de Milan, les choses demeurans balancées entre deux tels princes (parlant aussy de l'Empereur), celuy qui auroit peur de la puissance de l'un seroit respecté et[9] laissé en paix pour l'esgard de la puissance de l'autre.

[1] La copie met *les Vénitiens* pour les Vincentins.

[2] Ces trois derniers mots manquent dans la copie.

[3] La copie, suivant toujours la même erreur, remplace ces mots *les Vénitiens* par le mot *eux*.

[4] Ce mot manque dans la copie.

[5] Ces deux mots manquent dans la copie.

[6] Le mot *dehors* est remplacé dans la copie par les mots *bien loin*.

[7] Ce passage se rapporte encore à la ligue de Cambrai. Il est aussi emprunté à Guichardin, et c'est tout le sens d'un long discours que cet auteur met dans la bouche d'André Griti, personnage fort important à cette époque et qui fut plus tard doge de Venise.

Il est à remarquer, ainsi que le dit en note l'éditeur de Guichardin, que les historiens de Venise ne disent pas le nom des patriciens qui, dans le Sénat, donnèrent leur avis sur l'alliance soit avec la France, soit avec l'Empereur. C'est ici, comme plus haut, une harangue dans le goût des historiens de l'antiquité, que Guichardin lui-même applique à la situation qui la motive. (Voy. Guicc., lib. VII, fol. 202.)

[8] Le mot *tenoit* est remplacé dans la copie par le mot *avoit*.

[9] Ces deux mots manquent dans la copie.

XI[1].

Il fut dit subtilement par quelqu'un du[2] Pape Leon xe, que les autres Pontificats finissoient à la mort des Papes, mais que celuy de Léon estoit pour se continuer plusieurs ans apres, pour sa grande prodigalité des deniers que Jules, son prédecesseur, lui avoit laissé[s], une[3] incroyable quantité de deniers qu'il avoit tiréz de la création de nouveaux offices, diminution du revenu de l'Eglise de 40 mil ducats par chacun an[4], laissé de grandes debtes et engagé toutes les bagues et joyaux du thrésor pontifical.

XII[5].

Communément les hommes considèrent l'evenement des choses eu esgard auquel, maintenant avec louange, maintenant avec blasme, selon qu'il est ou heureux ou contraire, on attribue tousiours au conseil ce qui est le plus souvent procédé de la fortune.

XIII.

La nature enseigne d'elle-mesme à un chacun qui trouve de l'empeschement aux passages estroits, de chercher à passer ou plus haut ou plus bas, là où il n'y a rien qui empesche.

XIV.

Souvent il avient[6] que la mémoire des choses premières est effacée par

[1] Le paragraphe XI est probablement aussi extrait de Guichardin. Mais je n'ai pas trouvé le passage de cet auteur qui correspond exactement à ce que dit ici Richelieu. C'était bien là pourtant le jugement que l'historien italien portait sur le pape Léon X; il dit à l'occasion des dépenses qu'il fit dès son avènement: «Gli huomini prudenti desiderarono maggiore gravità, et moderatione giudicando, nè convenire tanta pompa a Pontefici, nè essere secondo la conditione de tempi presenti *il dissipare inutilmente i danari accumulati dall'antecessore.*» (Lib. IX, fol. 326 v°.)

[2] La copie porte *au*.

[3] La copie porte *l'incroyable* au lieu de *une incroyable*.

[4] Ces trois mots manquent dans la copie.

[5] Sur le ms. tout ce paragraphe est barré. En marge le mot *Testament.* — Tout le paragraphe manque dans la copie.

[6] La copie met *arrive* au lieu de *avient*.

les dernieres. On doit bien considerer combien la malignité et l'imprudence[1] des ministres peut es maisons des Princes, qui ou par négligence ne vacquent aux affaires ou par incapacité ne discernent d'eux mesmes les bons conseils d'avec les meschans.

XV[2].

Bien que nos remontrances soyent claires et que nos discours ne soyent point ambigus, nostre intention est toutesfois qu'ils soyent comme l'ouvrage de ce peintre grec qui donnoit plus à penser qu'à voir par ses portraits, bien que rien ne manquast à son ouvrage[3].

XVI.

Il y a fort peu d'empereurs à qui les astrologues de leur temps n'ayent prédit les évènements futurs. Les ecclésiastiques sont les vrays astrologues du monde. Ils doivent avoir, par raison, plus de cognoissance du Ciel qu'aucuns autres, puisque Dieu les a honorez[4] d'un ministère qui consiste particulièrement à le cognoistre. Ils annoncent à Vostre Majesté que s'il luy plaist prendre soing de la réformation de l'Eglise, il sera le plus grand[5]; etc.

XVII[6].

Les Anglois prétendent la Guyenne et la Rochelle comme leur bien

[1] La copie remplace *imprudence* par *impudence*.

[2] Le ms. porte en marge : *Plin. de Timant, l. 35, ch. 10*. C'est en effet un passage de Pline au livre XXXV de son *Histoire naturelle*. Il dit, en parlant du peintre Timanthe (après avoir raconté comment il voila le visage d'Agamemnon au sacrifice de sa fille) : « In unius hujus operibus intelligitur « plus semper quam pingitur, et cum sit « ars summa, ingenium tamen ultra artem « est. »

[3] La copie met *ouvrages* au pluriel.

[4] La copie porte *douez* au lieu d'*honorez*.

[5] Ce passage était évidemment destiné à servir dans un discours adressé au roi Louis XIII. Nous ne savons s'il a été employé.

[6] C'est là probablement une des réflexions qui traversaient l'esprit de Richelieu, au sujet du traité d'alliance qui s'engageait alors entre la France et l'Angleterre, à l'occasion du mariage de Henriette-Marie, fille de France, avec le prince de Galles, qui fut Charles Ier. Il ne faut pas oublier que le roi d'Angleterre réclamait, autant

hereditaire, et ce[1] à cause de la Reyne Alienor, fille unique du duc d'Aquitaine, repudiée par le Roy (Philipes) Louys le jeune[2] et remariée à Henry, roy d'Angleterre; et par le traitté de Bretigny. Et partant il est perilleux de les rendre maistres de nos ports craignans qu'ils voulussent renouveler leurs prétentions. Et Ré (?)[3].

XVIII.

Il n'y a homme bien sensé qui n'avoue que le secours que le Roy donne aux Holandois, est le moyen qui conserve le plus puissamment son royaume. Car si par ce manquement l'Espagnol estoit une fois venu à bout d'eux, il n'y a personne qui doute qu'il ne tournast toutes ses forces vers[4] nous, pour nous en faire autant. De sorte qu'outre que par l'alliance que nous avons ensemble nous sommes obligéz de les assister, nous pouvons dire l'estre encore autant et plus à raison de nostre propre conservation qui dépend en partie de la leur[5]. Ceste pileule est de dure digestion à l'Espagnol de voir que nous les favorisions de gens et d'argent; mais qu'il s'en prenne à Philipes[6] qui nous

qu'il était en lui, le titre de protecteur des réformés de France, et que ceux-ci tenaient la Rochelle. Donc, à l'époque où il écrivait ces lignes, Richelieu songeait déjà à se mettre en garde contre les ambitions d'outre-Manche, qui semblaient peu à craindre en ce temps-là, mais qui se découvrirent quelques années plus tard par l'intervention des flottes anglaises dans le siège de la Rochelle.

[1] Ces deux mots manquent dans la copie.

[2] *Philipes* de la main de Céberet est barré, et au-dessus une autre main a écrit : *Louys le Jeune.* Des deux mots, la copie a conservé celui de *Philipes,* qui est l'erreur.

[3] Ces deux derniers mots, d'ailleurs peu lisibles, ont été omis par la copie.

[4] La copie remplace *vers* par *contre.*

[5] Dans le Mémoire au Roi (voir plus haut), Richelieu dit : « La guerre des Hollandois affoiblit notre ennemi, sans que « nous entrions en aucun péril, et en la con- « currence des affaires présentes, elle nous « est plus nécessaire que jamais. » (*Mémoires,* t. II, p. 314.)

[6] Comparer tout le passage suivant avec un développement des mêmes idées qui se trouve dans le *Testament politique,* ch. I, p. 92. Richelieu est encore revenu sur ces idées dans un autre ouvrage, comme il le dit dans le *Testament politique.* C'est dans ses *Mémoires.* Sa conscience de théologien s'inquiétait, à ce qu'il semble, de répondre comme il convenait aux reproches que lui faisaient les Espagnols, de s'allier avec les Hollandais protestants et rebelles.

en a montré l'exemple lequel ouvertement a aidé la Ligue d'armées [1] et de millions pour les soldoyer, si bien que nous ne faisons en cela que rendre au petit fils une partie de ce que l'ayeul nous a presté, avec ceste différence néantmoins que là où il soustenoit des subjets rebelles à leur Roy, nous soustenons des Estats qu'il recognoist libres.

XIX [2].

Le regne de Henry 3me n'a esté non plus que celuy de Charles 9me sinon une continuelle guerre contre l'hérésie; ce prince ayant esté contraint d'avoir tousjours autant d'armées sur pied, qu'il y avoit de provinces en son Royaume, où elle estoit cantonnée contre son service, jusques à ce que la Ligue s'estant eslevée contre sa personne et son Estat, alors comme un cloud repousse l'autre, il se sentit forcé de quiter celle là pour s'opposer à celle-cy, appellant pour cest effect à son secours Henry 4me à qui pour lever tout ombrage de n'estre pas avec les siens en asseurance aupres de sa personne, il consigna entre ses mains des villes d'ostage.

XX [3].

Mets. — La Lorraine a tousiours tasché d'empiéter sur Mets, sur Toul et sur [4] Verdun, comme sur trois places les plus capables d'accroistre son Estat [5].

D'autant que les evesques de ces trois villes imperiales en sont seigneurs temporels, pour venir à leur fin [6], le principal moien dont ils se sont servis a esté d'empiéter le plus qu'ils ont peu sur l'Eglise.

[1] La copie porte *armes*.

[2] Le manuscrit porte en marge la date *1625*, qui manque dans la copie. Cette date indique probablement que le fragment XIX fut rédigé par allusion aux troubles civils qui éclatèrent en France en cette année 1625.

C'est ici comme une sorte de résumé historique que Richelieu se fait à lui-même des causes qui ont donné lieu à la remise légitime des villes d'otage entre les mains des protestants. On verra dans le fragment LXXXVI la conclusion qu'il tirait lui-même des faits qu'il expose ici.

[3] Tout ce paragraphe important est écrit de la main du cardinal.

[4] Ce mot manque dans la copie.

[5] La copie remplace le mot *estat* par le mot *autorité*.

[6] La copie porte cette leçon, à peu près inintelligible : *pour parvenir à leurs fiefs*.

Pour cet effet, il y a environ vingt-cinq ans que le cardinal de Lorraine, frere du duc d'à présent, obtint de Rome une bulle de primatie[1] establie[2] à Nancy portant annexe de plusieurs bénéfices dépendants des trois Eveschés de Mets, Toul et Verdun. Elle reside à present en la personne d'un vieil ecclésiastique de la maison de Lenoncourt[3].

Outre les bénéfices dependants desdits trois eveschés[4] qui sont dans la Lorraine ou le Barrois, la maison de Lorraine en a fait annexer nombre de ceux qui sont dans les propres terres[5] de la protection.

Et à présent passans outre, ils ont depuis deux ans annexé l'abbaïe de Gorze qui est de l'evesché de Mets et de la protection[6]. Ce que le Roy ne doit souffrir. Car elle est de fondation roiale de Godegrand fils ou nepveu de Pepin, et l'abbé avoit jadis[7] voix elective au Maitre Eschevin de Mets; valoit plus de dix mille escus. Mais les prieurés en ont esté eclipsés par gens qui s'en sont emparés.

Le Duc de Lorraine traitte avec l'archevesque de Treves pour tirer de luy l'establissement d'un official metropolitain à Nancy qui conoisse des appellations des officiaux desdits trois eveschés, ce qui n'est supportable[8]. Car tout le spirituel du duché de Lorraine dépend des trois Eveschés; et si ladite entreprise avoit lieu, il se trouveroit que lesdits

[1] Cette bulle est publiée dans les Preuves de dom Calmet (t. III, col. CCCCLXIII et suiv.). Elle est de mars 1602. Nous ferons observer qu'il n'y avait pas d'évêché à Nancy.

[2] Ce mot manque dans la copie.

[3] C'est Antoine de Lenoncourt, ancien gentilhomme de la chambre du cardinal de Lorraine, abbé commendataire de Beaupré, qui prit en effet le titre de primat de Nancy. Il mourut en 1636. Voy. P. Anselme, t. II, 62, et *Gallia Christ.*, t. XIII, col. 1371.

[4] Ces quatre derniers mots manquent dans la copie.

[5] *Idem.*

[6] En effet, le 16 septembre 1621, un bref du pape Grégoire XV avait annexé l'abbaye à la primatiale de Nancy. Mais par un des articles du traité des Pyrénées, le droit de collation de cette abbaye fut définitivement attribué à la couronne de France. Voy. *Gallia Christ.*, t. XIII, col. 881, et D. Calmet, *Histoire de Lorraine*, t. III, p. 560.

[7] Le mot *jadis* est remplacé dans la copie par le mot *autrefois*.

[8] Au lieu du mot *supportable*, le cardinal avait écrit d'abord : *nullement raisonnable.*

trois evesques[1] relceveroient d'un lieu sujet à leur justice. Ce qui n'est nullement raisonable, principalement cela se faisant sans leur consentement.

Aussy peu est il supportable au Roy qu'on vueille par une[2] innovation obliger ceux qui sont en sa protection[3] à aller rechercher justice chez un prince, son voisin, inferieur à luy, et la raison requiert que si l'archevesque de Treves, pour faciliter l'expédition des causes ecclésiastiques, veut establir un juge métropolitain en lieu plus commode que Treves, la raison requiert que ce soit dans l'un des trois eveschés dont il s'agit et que celuy qui l'exécutera soit sujet du Roy.

Durant la Ligue, Monsieur de Lorraine obtint aussy de Rome une permission de lever des decimes sur les biens des Ecclesiastiques qui estoient en ses terres. Il a continué cette levée jusqu'à présent quelque longue paix que nous aions[4], mesme les a augmentées depuis peu de temps.

Pour remedier à tous ces maux et empescher avec toute[5] justice l'effet des entreprises de Lorraine, faut premierement s'opposer, à Rome, à l'exécution des Bulles ou Bref de ladite primatie, comme estant prejudiciable aux droits du Roy et des trois evesques qui ne peuvent permettre ny souffrir l'establissement de ladite primatie; faut mesme demander le rapport desdites Bulles ou Bref, et jusques à ce que le Roy et lesdits evesques aient esté ouis, Sa Majesté ordonne que l'exécution en soit interdite[6].

[1] Le membre de phrase commençant au mot *et si*, a été sauté dans la copie.

[2] Le mot *une* manque dans la copie.

[3] On sait que, d'après les clauses du traité de Cateau-Cambrésis, le Roi de France n'avait, sur les trois évêchés, qu'un droit de patronage ou de protection. En apparence, ces territoires continuaient de faire partie de l'Empire d'Allemagne, et l'Empereur se réservait sur eux *les droits de reprise et de reconnoissance*. Cet état de choses ne cessa qu'après la paix de Westphalie.

[4] La copie ajoute le mot *eue*.

[5] Le mot *toute* manque dans la copie.

[6] Il est digne de remarque qu'en abordant cette question des prétentions ecclésiastiques de la Lorraine, et en se promettant de la traiter ainsi qu'il est dit dans le texte, le cardinal de Richelieu ne faisait que poursuivre la politique de Henri IV. Celui-ci, en effet, s'était opposé de toutes ses forces à l'érection de l'église de Nancy en évêché, érection que le duc de Lorraine demandait instamment au pape dès 1598.

Faut escrire à l'archevesque de Trèves, luy représenter de quelle conséquence[1] cett' affaire est au Roy, le prier de ne rien innover, luy faire entendre qu'il ne le peut faire sans le consentement du Roy et des Evesques qui sont en sa protection, et au cas qu'il voulust passer outre, y former opposition de la part de Sa Majesté et desditz evesques.

Au mesme temps, il sera à propos de donner advis au pape de cett' affaire, afin qu'il luy plaise d'interposer son authorité à ce que le susdit Archevesque ne transgresse point les bornes de son pouvoir et ne fasse rien au prejudice de Sa Majesté.

Faut aussy demander à Sa Sainteté la revocation de la permission accordée de lever les decimes, dont la cause est cessée puisque la guerre de la Ligue n'est plus[2]. En tout cas la[3] faire revoquer pour les membres situés en Lorraine qui dependent d'Eveschés, Abbaïes ou Chapitres qui sont en la protection du Roy.

Le remède definitif de toutes ces entreprises de Lorraine sur les droits de l'Eglise est de faire un traité avec le pape en vertu duquel il accorde au Roy en ces pais de protection le droit de nomination aux Eveschés et Benefices consistoriaux, ainsy qu'il l'a en France[4].

Pour obtenir cela on peut donner au pape quelque augmentation de droits vers Avignon pour change de cette faculté.

Le pape doit estre meu à la concession de cette grace s'il considère que tout le temporel et spirituel de ces pais de protection vient de la France, Mets estant un partage d'un fils de Clovis; Toul et Verdun

C'est par suite de l'opposition des ambassadeurs français que la Lorraine ne put obtenir autre chose qu'une bulle d'église primatiale. On voit cependant que cet avantage suffisait encore pour inquiéter les hommes d'État de la France.

Cette affaire est traitée tout au long dans les Lettres du cardinal d'Ossat. Richelieu, comme nous le verrons bientôt, les avait à cette époque entre les mains. C'est là probablement qu'il s'est instruit des principaux points de l'affaire, et qu'il a pris l'inspiration de la conduite générale qu'il allait tenir lui-même. Voy. les Lettres du cardinal d'Ossat, de 1598 à 1602.

[1] La copie porte *importance*.

[2] Le dernier membre de phrase, depuis le mot *dont*, est écrit en marge dans le manuscrit original.

[3] Le mot *la* manque dans la copie.

[4] Ce sont encore là des demandes que le cardinal d'Ossat avait été chargé de faire en cour de Rome, au nom du roi Henri IV.

de l'ancien domaine de nos Rois; et tous les Eveschés fondés par nos Rois, Clovis, Dagobert et Charlemagne.

Si le pape accorde cette grace, le Roy mettant tous François dans lesdits Bénéfices, le pais messin[1] sera plus asseuré à la France dans dix ans que le comté de Champagne. Car les beneficiers y tiennent tout en trois Eveschés et trente Abbayes qui sont en la protection.

XXI[2].

Claude, fille de Louis douzième, fut promise à l'archiduc Philipes, père de Charles le Quint, et depuis donnée à la requisition des Estats à François premier, comte d'Angoulesme.

Renée, sa sœur, fut promise à Charles le Quint, Roy de Castille, et depuis mariée en la maison d'Est, dont est venue madame de Nemours.

XXII[3].

Pierre d'Alençon, sous Charles VIIme de la maison de Valois, fut par deux fois condamné à mort, et à[4] toutes les deux fois sa peine[5] remise.

Charles de Bourbon, connestable sous François premier, fut condamné[6].

XXIII.

Plus un homme est grand et eslevé[7], plus doit-il regarder à n'of-

[1] Ce mot manque dans la copie.

[2] C'est un copiste qui a reproduit ici les quatre paragraphes qui suivent. Ils avaient été d'abord écrits de la main de Richelieu. On trouve cette première rédaction, plus loin, dans le volume, fol. 63 v°.

Les deux exemples cités dans ce paragraphe se rapportent à des promesses de mariages princiers annulées pour cause de raison d'État. En les empruntant à l'histoire, Richelieu avait probablement en vue une prochaine mise en pratique : peut-être le mariage de Henriette-Marie, d'abord promise au comte de Soissons, et finalement mariée à Charles d'Angleterre; peut-être encore le mariage de Monsieur avec Mademoiselle de Montpensier.

[3] Ces exemples de condamnations portées contre les plus hauts seigneurs du Royaume ne doivent point étonner sous la plume du cardinal de Richelieu.

[4] Variante du Cardinal : *en*.

[5] La copie ajoute le mot *fut*.

[6] Ce dernier membre de phrase, après *connestable*, est tourné ainsi dans la copie : *connetable de France a été condempné sous François Ier*.

[7] La copie met *relevé*.

fenser personne, s'il ne veut avoir la haine de tout le monde, estant chose certaine qu'on hait d'autant plus un homme que moins se peut on[1] venger de luy.

XXIV.

Il y a des choses dont on[2] a bien subject de se fascher, mais non pas de quereller un homme pour cela.

XXV[3].

Espagne. — Le bonhomme Coman disant comme les Espagnols traittent tousiours par artifice, sans franchise, me dit qu'un des principaux du conseil d'Espagne, estant deputé en Espagne de la part des Estats...

XXVI[4].

Pour aller de France en la Valteline avec armée, partant de la Bresse, faut aller à Genève, de Genève[5] à Losane, de Losane[6] à Syon. De Syon, suivre tout du long du pays de Vallais pour gaigner Bellinssonne, de Bellinssonne par Mesoc[7] descendre à Chavene et de là en la Valteline[8].

Par le mesme chemin de Vallais et de Bellinssonne on peut entrer dans le pays des[9] Grisons, venant gaigner Orsere, et de là passer la montagne de Chimoult pour descendre en la vallée de Tisitis[10].

[1] La copie porte, au lieu de *se peut on*, les mots : *on a de moyens de.*

[2] Variante du Cardinal : *il y a*. Et la copie met aussi : *Il y a.*

[3] Ce paragraphe, de la main du Cardinal, n'a pas été achevé sur le ms. Il manque dans la copie.

[4] Ce paragraphe est écrit de la main de Charpentier.

[5] Ces mots manquent dans la copie.

[6] Ces mots manquent dans la copie.

[7] La copie porte *Mezo*, pour *Mesoc.*

[8] Ce premier chemin remonte le cours du Rhône jusqu'à sa source, gagne la vallée du Tessin par le Saint-Gothard, descend le Tessin jusqu'à Bellinzona, remonte alors le cours de la Mœsa sur laquelle est située Misocco, que Richelieu nomme Mesoc. On prend alors le Liro, petite rivière qui va se jeter dans la Maira au-dessus de Chiavenne ; on descend enfin le cours de la Maira jusqu'au lac de Côme et à l'embouchure de l'Adda.

[9] Ces trois mots manquent dans la copie.

[10] La vallée de Thusis probablement, au sud de Coire.

XXVII[1].

Passages par lesquels on peut passer [2] de France en Italie avec armées.

1.

Le premier passage est tout du long de la mer vers Nice et Gennes, par le col de Tende [3] applany depuis peu par le Duc de Savoie. Mais [4] le passage requiert le consentement dudit duc. (*En marge la même main a écrit :*) « Il estoit autrefois à Mr d'Urfé, maintenant par eschange à Mr de Savoie [5]. »

2.

Le second est par le chasteau Dauphin dans le marquisat de Saluces. Le Chasteau Dauphin est au delà de la montagne dans les terres du Roy. Mais le marquisat de Saluces estant au duc de Savoie, ce passage requiert son consentement [6].

3 et 4.

Le troisième et quatrième passage est par le mont Genevre, allant jusqu'à Cezane. De Cezane il y a deux chemins, l'un à main droite qui va droit à Pigneroles [7], l'autre à main gauche par le val d'Ourse, qui va droit au fort d'Eschilles [8], d'Eschilles à Chaumont qui est au Roy, et delà à Suzes distant seulement de Chaumont d'une lieue. Mais ce passage présuppose correspondance avec Savoie.

[1] Ce paragraphe est de la main du Cardinal.

Le détail géographique des fragments qui précèdent et de ceux qui suivent s'explique, si l'on remarque qu'il s'agit ici de ces fameux *Passages* de la Valteline, dont les Espagnols voulaient disposer, et que la France était résolue à leur fermer absolument.

[2] La copie porte *descendre*.

[3] Il y avait écrit auparavant *Tepide*, ce qui semble supposer que la pièce a été copiée ou résumée d'un mémoire. C'est la même main qui a corrigé immédiatement la mauvaise lecture.

[4] Le mot *mais* manque dans la copie.

[5] Cette phrase manque dans la copie.

[6] Les passages étudiés dans ce paragraphe sont ceux du mont Viso. Il est curieux que Richelieu n'ait rien dit du passage de l'Argentière par lequel pourtant des armées françaises avaient déjà pénétré en Italie.

[7] Par la vallée du Chisson.

[8] Ou Escilles. Ce chemin suit la Dora Riparia.

5.

Le cinquième est de Lion à L'Aigue-Bellette [1], ou par Grenoble droit au fort de Barraud et Monmelien, chemin plat par lequel on ne passe aucune montagne quoyque fort rude [2].

6 et 7.

Le sixiesme par le Valais duquel on peut prendre deux chemins, l'un par le val d'Oust [3] qui entre dans le Piedmont et va gaigner [4] le Milanois entre Vercelles [5] et Novarre [6]; l'autre coule plus avant dans le Valais et va gaigner le mont St-Plomb [7], et entre par le lac Major dans le Milanois. Mais il faut combattre les forces d'Espagne dans leur pais [8].

8.

Le huitiesme est par le mont St Godard qui a deux chemins. Partant de Lion, il faut aller à Geneve, de Geneve à Lucerne, passer le lac d'Ourrie [9], de là à Orserre au pied du mont St Godard. De là à Bellinssonne, Lugan [10], Côme et Milan. Mais il faut combattre les ennemis dans leur pais.

9.

L'autre [11] chemin, partant de Dijon : faut aller à Dolle, Neufchastel,

[1] La copie porte *L'Isle-Velette.*

[2] Ce chemin suit le cours du Rhône, puis celui d'un de ses petits affluents de gauche, le Guiers, sur lequel se trouvent l'Aigue-Bellette et le fort Barraux, au pied de la Grande-Chartreuse; de là, par le col des Échelles, dans la vallée de l'Isère sur laquelle est bâti Montmélian. Arrivé là, on n'est encore qu'en Savoie.

Richelieu n'indique pas le reste de la route pour aller en Italie; mais c'est évidemment par le mont Cenis et le Pas-de-Suze.

[3] La copie porte *d'Aoust;* c'est le val d'Aoste.

[4] Ici la copie intercale le mot *dans.*

[5] La copie porte : *Verceil.*

[6] C'est le chemin du Grand Saint-Bernard.

[7] C'est le mont *Simplon.*

[8] La dernière phrase tout entière manque dans la copie.

[9] C'est le lac des Quatre-Cantons.

[10] La copie porte *Laigan,* c'est Lugano.

[11] La copie porte *le 8me* au lieu de *l'autre.*

Soleure, Suisse, Ourich, Orserre, Belinssonne, etc. Mais il faut combattre[1].

10.

Le dixiesme[2] passage est par le mont de la Splugue, autrement le mont du Cardinal, et celui de la Berbine[3]. La Splugue descend à Chaveine qui entre dans le Milanais ou dans la Valteline.

La Berbine descend à Puschiave[4] qui entre dans la Valteline par la ville de Tiran[5].

11.

Pour aller à ces deux monts faut venir[6] par Dijon à Soleurre, Zurich, Coire. De Coire à Tozane, pour passer à la Splugue. De Coire par Langadine haute, pour passer à la Berline. Et ces deux passages sont les seuls[7] libres pour aller de France en Italie, si Savoie estoit contraire. Ce qui a esté plusieurs fois raison pour laquelle les Rois se sont tousiours opiniastrés à conserver le passage de la Valteline.

12.

On peut passer encore par l'Allemagne à Strasbourg et Basle, de Basle ou Strasbourg en Alsace et le Tirol, droit à Trente, chemin du tout uny ou le canon peut rouler et est fertile en vivres[8].

13.

On peut[9] encore faire ce chemin sans entrer en Allemagne par aupres de Genève, Berne, Zurich, gaigner le Tirol au dessus des Grisons, et regaigner Trente. Le chemin est rude et peu[10] capable de nourrir une armée.

[1] Ces derniers mots manquent dans la copie. Ce chemin franchit le Jura.

[2] La copie porte *le 9ème*. A partir de ce paragraphe, il y a une raie en marge jusqu'au douzième.

[3] C'est la Bernina.

[4] Poschiavo.

[5] Tirano.

[6] La copie porte : *en partant*.

[7] La copie porte : *les deux plus libres*.

[8] Probablement en remontant le cours du Rhin et en descendant ensuite celui de l'Inn.

[9] En face de cet alinéa, une raie en marge.

[10] Le mot *peu* a été omis par la copie.

Pour entrer en Allemagne, outre Basle et Strasbourg, on a le passage de Brissac dans l'Alsace; mais Leopold[1] le tient maintenant[2].

XXVIII.

Grisons[3]. — Les Grisons ont trois ligues, Grizes, de Cades et des[4] Droitures qui sont souveraines, et ont deux contés sujets et dépendans

[1] Léopold d'Autriche, frère cadet de l'empereur Ferdinand, comte de Tyrol et archiduc d'Insprück. A l'époque où furent écrites ces lignes, il était évêque de Strasbourg et de Nassau, et représentait en Alsace et Brisgau les intérêts de la maison d'Autriche. Plus tard il se défit de ses bénéfices ecclésiastiques et épousa Claude de Médicis. Il s'était mêlé très activement à toutes les affaires de la Valteline. Il mourut en 1632.

[2] Les derniers mots, à partir de *Brisac*, manquent dans la copie.

[3] Ce sont là, en quelque sorte, les préludes des travaux de Richelieu sur cette importante affaire des Grisons et de la Valteline. Les mêmes faits et les mêmes pensées sont beaucoup plus développés dans les *Mémoires* (t. II, p. 358 et suiv.). Il faut bien entendre cependant que Richelieu avait son idée arrêtée sur cette affaire, avant d'être le premier dans le ministère. Il semble seulement que la Vieuville le gênait pour mettre ses plans à exécution. Si la fameuse phrase citée par Voltaire (*Le Roi a changé de Conseil et le Conseil de maximes*) est apocryphe, comme l'a démontré Avenel (t. VII, p. 551), l'opinion de Richelieu sur cette affaire n'en était pas moins énergique et énergiquement prononcée.

Dans un pamphlet qui est de lui ou écrit sous son inspiration, *La voix publique au Roy*, on lit : « Autant vaut, dit le proverbe, « bien battu que mal battu; faites tant que « vous voudrez le complaisant avec la señora « doña Iberia, asseurez-vous qu'elle ne vous « pardonnera jamais et mettera aussi peu en « considération tous les signalez plaisirs que « la France luy a faicts de l'avoir laissé esta- « blir dans la Valteline, à Juliers, au Palati- « nat et par toute l'Allemagne.

« Vous traictez avec les Holandois, vous « escoutez les conseils de Savoye et de Ve- « nize, vous entrez en alliance avec l'Angle- « terre, vous avez donné retraite à Mans- « feld; soyez certain, Sire, que lorsqu'elle « verra son jeu, qu'elle ne manquera de « vous ramentevoir catholiquement tous ces « pechez mortels, et aurez beau alleguer que « vous estes meilleur catholique qu'elle, que « vous n'avez point veu Mansfeld; croyez « comme aux saincts nouveaux que toutes « ces excuses n'empescheront point que ceste « bonne Dame ne veille jour et nuit pour « vous prendre sans verd. *C'est pourquoy « Vostre Majesté doit resoudre hardiment les « choses qui regardent sa conservation, elle « doit veoir librement Mansfeld, l'employer « promptement, maintenir ses anciens allies, « sans s'arrester aux spéculations des moines, « ny du Nonce, lesquels ne preschent que l'in- « terest du Pape et non celuy de vostre ser- « vice.* » (Recueil de 1628, p. 574.)

[4] La copie intercale le mot *dix*.

scavoir est les contés Chavaine et Bormio, et qui plus est[1] le pais de la Valteline.

Ces trois pais dependans furent donnés aux Grisons par Louis douziesme en paiement de certains deniers qu'il leur devoit.

Au mesme temps il donna[2] aux Suisses les quatre bailliages qui sont au delà des monts, qui sont Lugan, Lucarne, Bellinssonne et Mandris, et les villages qui s'appellent les Trespievé.

Avec les Grisons, le Roy d'Espagne n'a alliance quelconque, sinon une que depuis trois ans les Grisons ont faite avec le duc de Feria que le Roy d'Espagne n'a pas ratifiée sur la plainte que le Roy en fit. Au contraire, l'ambassadeur Mirabel l'a desavoue.

La maison d'Austriche a alliance et paix perpetuelle avec les Grisons[3].

Venise n'a point d'alliance avec les Grisons. Il n'y a que le Roy et la maison d'Austriche.

L'alliance du Roy les oblige à fournir les gens de guerre et le passage, savoir est le passage en toute occasion, et les gens de guerre, avec exception contre le duché de Milan, lequel ils doivent aider à garder, au cas que le Roy la[4] conquiere sans eux.

XXIX[5].

Le traitté de Madrid, fait en febvrier 1621, porte que la religion estant establie en la Valteline aux termes y mentionés, toutes choses y seront remises en leur premier estat.

En ce traité, il n'est plus parlé en aucune façon[6] des passages ny d'alliance pour Espagne

Et tant s'en faut que l'Espagne demandast alors ny les passages ny

[1] *Qui plus est* manque dans la copie.

[2] La copie remplace *donna* par *bailla*.

[3] Cet alinéa manque dans la copie.

[4] Le mot *la* manque dans la copie.

[5] En marge de cet alinéa et de ceux qui suivent est écrit : *employé*. Les corrections faites au texte, et que nous donnons dans les notes ci-dessous, sont probablement contemporaines de cet emploi. — On peut comparer les *Mémoires*, t. II, p. 394.

[6] La copie intercale ici : *quelconque*.

l'alliance des Grisons que pour en exclurre les Venitiens, elle aima mieux se priver elle mesme de la pretension qu'elle en avoit.

« Ainsi qu'il paroist[1] » par une promesse du 25 avril 1621, « qu'elle voulut avoir[2] » sinée de Mrs de Bassompierre et Rochepot, « et ratifiée du Roy qui porte qu'[3] » en exécution dudit traité « Sa Majesté empeschera[4] » qu'à l'advenir nul « autre que luy[5] », sans exception, ne les peust obtenir.

Le Roy est tousjours demeuré dans les termes du traitté de Madrid. La ligue faite avec Venise et Savoie n'est qu'à cette fin. Le consentement que Sa Mté donne au depost porte en termes expres qu'elle entend que ce soit pour l'entière exécution des choses accordées audit traitté de Madrid et non autrement, « et que dans trois mois ladicte exequution sera faicte[6]. »

Le marquis de Mirabel envoia un memoire au Roy siné de sa main et une lettre de Mr de Puisieux, par lesquels il paroissoit qu'il avoit accommodé l'affaire avec Mr le Chancellier sans parler des passages. Et des-avouoit les traittés faits à Milan par le duc de Feria avec les Valtelins, pour la renonciation faite de la souveraineté, et avec les Grisons pour l'alliance. Ce qui monstre[7] bien que le Roy d'Espagne s'estimoit obligé de se tenir au traitté de Madrid et par iceluy ne pouvoir pretendre ny passage ny alliance.

XXX[8].

La Valteline est importantissime aux Espagnolz pour joindre les Estats d'Italie avec ceux d'Allemagne[9], ce qui redouble les forces d'Espagne. De plus, pour faire non-seulement que l'Italie puisse secourir

[1] Ces mots remplacent *aussy*.

[2] Ajouté au-dessus de la ligne.

[3] Au-dessus de la ligne en remplacement des mots : *qu'elle exigea de Sa Majesté d'empescher*.

[4] Ajouté au-dessus de la ligne.

[5] Ajouté en marge. Toutes ces var. ont servi à la préparation du texte des *Mémoires*.

[6] Le dernier membre de phrase à partir de *et que* est d'une autre main.

[7] Ici la copie intercale le mot *si*.

[8] En marge de cet alinéa, le mot *employé*. Cf. *Mémoires de Richelieu* (ae 1624), dans la consultation donnée au roi par le cardinal à cette occasion.

[9] La copie porte : *l'Italie avec l'Allemagne*.

aisément l'Allemagne, dans laquelle on peut aller jusqu'à Vienne avec une armée en dix jours; mais aussy pour secourir la Flandre des mesmes forces d'Italie qui de Milan peuvent estre conduites en Flandres en vint cinq journées d'armées.

De plus[1] pour[2], au cas que Mr de Savoie fust mal avec la France, interdire tous[3] passages aux François en Italie n'y en aiant que par la Valteline. Et ce dernier dessein n'est pas le moindre. Car, bien que la Valteline leur soit un passage[4] plus commode pour leurs forces[5], il ne leur est pas toutesfois si nécessaire en ceste consideration[6], puisqu'ilz en ont deux autres asseurés[7] : l'un[8] par les cinq petits cantons qui leur est tousjours libre; l'autre[9] par la Savoie au pont de Belgarde[10] qui, à la vérité, dépend du Roy et du duc de Savoie.

Pour aller[11] par la Valteline de Milan en Allemagne, ilz passent droit dans le Tirol[12], du Tirol à Isprug, d'Isprug sur le Danube qui les porte dans Vienne où une armée peut aller de Milan en dix jours.

Une armée peut aller de Milan en Flandres en quinze[13] jours par le chemin qui s'ensuit : de Coire ilz vont passer la gorge du Ster et vont à Felchir[14], ville qui est à l'archiduc Léopold. De là, ilz vont s'embarquer sur le Rhin au delà de Schafouze, et le Rhin les porte à Basle, Stras-

[1] En marge le texte porte ce titre : *Pour aller de Milan en Allemagne par la Valteline.*

[2] Le mot *pour* manque dans la copie.

[3] Ici la copie intercale *les.*

[4] Les mots *un passage* manquent dans la copie.

[5] La copie met *troupes.*

[6] La copie met *occasion.*

[7] On voit bien ici que ce n'est pas tant comme défensive que comme offensive que Richelieu pensait à la Valteline. Comparez d'ailleurs le passage des *Mémoires :* «De penser apporter un tempérament à cet octroi, le restreignant à la seule défensive, c'étoit se tromper soi-même. Car l'accorder pour la défensive, c'est encore l'accorder contre nous. . . » (*Mémoires*, t. II, p. 390.)

[8] En tête de cet alinéa, le ms. porte en marge : *Faut particulariser le chemin.*

[9] En marge : *Idem.*

[10] Bellegarde, sur le Rhône, en Savoie, non loin de la perte du Rhône.

[11] Cet alinéa est rayé et arrangé pour être mis ailleurs, ce qu'indique d'ailleurs le renvoi marginal : Φ.

[12] Les quatre mots qui précèdent manquent dans la copie.

[13] La copie dit : *13 jours.*

[14] Feldkirch, ville fortifiée dans une position importante, qui commande la vallée de l'Ill, petit affluent de droite du Rhin, et qui ouvre par là la communication du Tyrol avec la Suisse.

bourg, Cologne, Liege, où ilz prennent terre[1]. Mais le Rhin est fascheux.

Par la Valteline, ils peuvent aller au Tirol, du Tirol dans l'Alsace[2], de l'Alsace, la Lorraine ou la Franche-Conté.

XXXI.

Expedient de seureté pour la Valteline[3]. — Pour seureté du traité qui se fera pour la Valteline tant pour la religion que pour les choses temporelles..., il suffit que les Grisons consentent de perdre les droits de souveraineté sur la Valteline, et qu'elle demeure libre au cas qu'ilz contreviennent au traitté.

Moyenant ceste condition, les Espagnolz n'ont point faict instance d'avoir la caution des Suisses requise par le traitté de Madrid. Aussy cet expedient pourvoit-il à tout inconvénient. Les Valtelins le désirent; la France le reçoit; le pape le propose; les Vénitiens et Savoye l'acceptent. Reste à savoir si les Grisons le voudront[4].

[1] Les quatre mots qui précèdent manquent dans la copie.

[2] A partir de ce mot *l'Alsace*, la copie porte la variante suivante : *Et par la Franche-Comté en Lorraine et Luxembourg.*

[3] L'importance de ce fragment est considérable. Il montre pour la première fois quelle était la véritable pensée de Richelieu sur les concessions à faire aux Espagnols à l'occasion de l'affaire de la Valteline. Plus tard, il désavoua ou plutôt feignit de désavouer Fargis, pour avoir été jusque-là dans la conclusion du traité de Monçon.

Nous avons insisté sur cette affaire dans le travail que nous regrettons de citer encore une fois : *Journal des Savants*, n° d'août 1878.

[4] Les Grisons étaient loin d'être aussi accommodants que le désirait Richelieu. Ils entendaient conserver intacts leurs droits de souveraineté sur «leurs sujets» les Valtelins. Plus tard, lorsque le traité de Monçon fut conclu, quoique les conditions fussent loin de leur être aussi défavorables que celles que Richelieu se montre ici prêt à accepter, ils protestèrent énergiquement auprès du roi de France, disant que «sur cet article (le onzième du traité), ils ne consentent en façon quelconque qu'il leur soit rien osté de leur autorité, ni prescrit par quel moien ils doivent et puissent réduire à obéissance leurs sujets en cas de contravention.» (*Corps diplom.* de Dumont, t. V, p. 490 : «*Conférence tenue à Coire le 2 novembre 1626 entre M. le marquis de Châteauneuf et les députés des ligues grises, pour l'explication du traité de Monçon.*» Voir aussi la pièce suivante : «*Réponse des Grisons aux ambassadeurs de France sur la présentation du traité de Monçon.....,*» p. 489.)

XXXII[1].

Le Roy de Caleith[2] haissant à mort les Portugais qui ne luy avoient faict aucune chose dont il se peust pleindre legitimement, mais au contraire qu'il avoit mal traitéz, tuez et egorgez dans son pays, contre sa parole, un sien neveu pour le dissuader d'entreprendre guerre contre eux et le Roy de Cochin avec qui ilz estoyent ailliez[3], lui tint un langage à mon jugement[4] digne de remarque : « Que vous ont faict les « Portugais. Ils se montrent vaillans, sentent quand on les blesse, com- « batent estans assaillis, et se vengent asprement des outrages qu'on « leur faict[5]. »

XXXIII[6].

Le Roy de Cochin, presque tout despouillé de son royaume par le Roy de Calcuth qui n'avoit entrepris guerre contre luy qu'à cause qu'il portoit les Portugais, fist une réponse digne de luy, lorsqu'estant en ce miserable estat, le Roy de Calcuth luy offrit de luy rendre son royaume, pourveu qu'il luy livrast quelque peu de Portugais qu'il avoit avec luy; ce qu'il ne voulust pas faire, disant qu'« on le pouvoit bien des- « pouiller de son Royaume, mais non pas de la foy que doit avoir un « roy. »

XXXIV.

Alfonse[7], homme de grand cœur, estima que ce seroit se denigrer s'il faisoit le mestier des pirates et resolud d'entreprendre choses plus grandes.

[1] Les remarques qui suivent jusqu'au fragment XXXVII sont copiées comme après coup sur la même feuille que plus haut, et toutes de la main du copiste ordinaire.

[2] La copie porte *Calecut.*

[3] La copie remplace ces cinq mots par ceux-ci : *leur allié.*

[4] La copie met *advis.*

[5] Ce fragment et les suivants sont extraits presque textuellement d'un ouvrage très répandu à cette époque : *Histoire du Portugal. . ., comprise en vingt livres, dont les douze premiers traduits du latin de Jerosme Ozorius . . .*, par S. G. (Simon Goulart). Paris, Jean Houzé, M. D. LXXXVII. (Voy. liv. IIIe, fol. 67 et suiv.)

[6] La copie porte pour titre en marge : *Un roi doit préférer sa foi à sa fortune.* Voy. pour l'origine de ce fragment, l'ouvrage cité, fol. 71.

[7] C'est d'Albuquerque qu'il s'agit ici évidemment.

XXXV[1].

Ces antiens capitaines, pour immortaliser leur nom, ilz n'estimoient rien plus seant que de conserver benignement ceux qu'ilz avoient abattus par la force de leurs armes.

Apres s'estre ainsi faict redouter des ennemis par leur magnanimité, ilz attiroient aussy par le bruit de leur clémence tout le monde à les aymer et chérir.

XXXVI.

C'est le devoir d'un grand personnage de se souvenir de l'infirmité humaine lorsqu'il est eslevé au sommet de sa félicité, et de supporter doucement ceux qu'il voit[2] du tout abatus.

Ce qui est accoustumé entre les barbares, lesquelz estiment que ce soit chose bien séante aux Roys de parler par truchement et penser que leur gravité consiste à estre enfans[3].

XXXVII[4].

L'Espagne ne fait jamais rien volontairement qu'en sa faveur, et la force est le seul motif qui la porte à faire raison à autruy[5].

XXXVIII[6].

Aux entreprises dont le fruit n'est pas présent, il faut employer

[1] La copie porte pour titre en marge : *La clémence fait augmenter le fruit de la victoire aux grands capitaines.*

[2] La copie met : *ceux qui sont.*

[3] Cette sentence a un peu étonné le copiste qui l'a expliquée ainsi : *qu'il y a de la gravité à faire les enfants.* Je pense que Richelieu a été frappé ici de cette idée que la Majesté royale doit être tellement élevée au-dessus des choses humaines qu'il y a comme une sorte de «gravité» chez les Rois à ne jamais parler, à ne jamais penser par eux-mêmes. Le premier ministre de Louis XIII avait ses raisons pour porter sur la Majesté royale un jugement de cette sorte.

[4] Main de Charpentier.

[5] Dans une lettre de Richelieu, du 3 janvier 1630, adressée au duc de Créquy et donnée en partie dans les *Mémoires*, on lit : «Que les Espagnols ne faisoient rien que «par force, que toutes leurs négociations «étoient frauduleuses.» (*Mémoires*, Petitot, t. V, p. 357.)

[6] Sur le manuscrit il y a en marge deux croix : ✠ ✠.

d'ordinaire de grands esprits, de grands courages et personnes de grande authorité : grands esprits pour qu'ils puissent aussy bien préveoir une utilité esloignée, comme les médiocres esprits voyent les présentes; grands courages pour que les difficultez ne les empeschent point; grande authorité pour qu'à leur ombre beaucoup de gens s'y embarquent.

XXXIX[1].

Chemins d'Italie en Allemagne par la Valteline et les Grisons pour une armée[2]. — Il faut passer le lac de Cosme, desbarquer à Coligno, de là au fort de Fuentes, puis, suivant la rivière d'Adde, l'on vient à Morbeigne, Sondrio, Tiran et Bormio. De là, tournant à la main gauche, l'on monte la montagne de Braigle, et par la valée de Ste Marie et de Monastère qui est aux Grisons, l'on entre dans le Tirol et en Allemagne. Et ce chemin est bon.

Et si l'on tourne à la main droite de [Bormio][3], on passe la montagne de Gaule, et va-t-on dans le pays de Trente. Mais le chemin est malaysé.

Entre les deux chemins, il y en a un troisième, par Valfurbe qui est du comté de Bormio, sans toucher le pays des Grisons, ny celuy des Vénitiens. Ce chemin entre dans le Tirol.

L'autre chemin de Milan[4], le long du lac de Cosme, vient debar-

[1] Main de Charpentier.

[2] Probablement qu'à l'époque où il prenait des renseignements géographiques et stratégiques si complets, Richelieu n'avait pas encore arrêté définitivement la résolution de faire la paix. Il semble bien, surtout si l'on examine les derniers paragraphes, que ce sont ici comme des études du chemin que pourrait suivre une armée victorieuse en Piémont pour se porter sur Vienne. Les seuls chemins possibles étaient à travers le massif des Alpes centrales. Avec la Savoie et Venise pour alliés, on avait dans la haute Italie de solides bases d'opérations.

Ces divers chemins peuvent être suivis sur les cartes un peu complètes. Disons seulement que les trois premiers remontent l'Adda, sur laquelle se trouvent les quatre villes indiquées au texte, et traversent ensuite les Alpes par divers défilés. Le quatrième remonte la Maira et descend l'Inn. Le cinquième remonte le Liro et descend le Rhin supérieur. Le sixième est le chemin du Saint-Gothard, et le septième celui du Rhône supérieur.

[3] Le mot manque sur l'original, mais la copie met *Bormio*.

[4] La copie intercale le mot *est*.

quer à la rive de Chiavene. De la rive l'on monte à Chiavene, de là on entre par la vallée de Bregaille dans celle de l'Engadine superieure ou haute, et de là, descendant[1] dans l'inférieure ou basse, entre dans le Tirol et en Allemagne.

[*En marge est écrit de la main du Cardinal :*][2] « Il appert par les reliques des chemins et des fortifications faites par les anciens Romains, « qu'ilz tenoient ce chemin pour passer en Allemagne; et maintenant « toutes les marchandises vont et viennent par iceluy, quoyque le duc « de Feria ait fait toute sorte d'efforts pour les faire passer par le « comté de Bormio et par la Valteline. »

Autre chemin de Milan. — L'on va dans la vallée de Chiavenne, et avant que d'arriver au bourg d'icelle, l'on tourne à gauche par la vallée de St Jacques, et on passe la montagne de la Splugue d'où[3], descendant dans la vallée du Rhein, l'on traverse tout le pays des Grisons. Et d'autant que ce chemin, pour aller d'Italie aux Grisons, est le plus court, il est aussy le plus fréquenté, quoy que le passage de la montagne soit malaisé. Mais ces deux chemins presupposent[4] qu'on soit maistre de Chiavene et du fort de la Ripe dudit Chiavene.

Outre cela, on ne manque d'autres chemins pour passer d'Allemagne en Italie sans toucher aux passages de ceux de la maison d'Austriche. Il y a l'ordinaire tres fréquenté de Lugan, Belinzone et de la montagne de St Godard, pour aller aux pays des Suisses, lequel est tout en la disposition et pouvoir de ceste nation.

Il y en a un autre par le Valès, par les destroits duquel l'on va fondre sur le lac Major. C'est pourquoy le duc de Ferie tasche par tous moyens de s'allier avec ces gens là.

Autre chemin de Friul par Trente. — Estant par tous ses chemins venus[5] dans le Tirol, pour de là aller à Vienne, il faut aller à Isprug, d'Isprug sur le Danube jusques dans Vienne, ou une armée par ceste voye peust aller de Milan en dix jours.

[1] Ce mot manque dans la copie.
[2] Ce paragraphe manque dans la copie.
[3] La copie met *droit*.
[4] La copie met *présuposé*.
[5] La copie porte : *venans*.

XL[1].

Roma, Consejo y Mar[2]. — Lorsqu'Anthonio Perez[3] eust esté receu du Roy en France et qu'il luy eut donné appointement; tous les advis qu'il luy donna pour tesmoignage du ressentiment[4] qu'il luy avoit de ceste obligation, fut *Roma, consejo, y mar*[5].

XLI[6].

Apres le mariage du Roy[7], le Roy ayant sceu que le grand duc Ferdinand avoit pris quelque alliance et liaison avec Espagne, donna

[1] De la main de Charpentier. Le paragraphe est barré; en marge le mot *Testament* avec le signe ⅌.

[2] Ces trois mots en espagnol avaient d'abord été écrits sous une forme très incorrecte par Charpentier : *Roma concesso imar*. Mais une autre main, qui est peut-être celle de Richelieu, a rétabli la véritable orthographe. La manière dont Charpentier avait écrit d'abord cette devise prouve que ce passage a été écrit sous la dictée. — Ces trois mots manquent dans la copie.

[3] L'histoire d'Antonio Perez est assez connue. Tout le monde a lu le travail de M. Mignet sur Antonio Perez et Philippe II. C'est en 1591 que le ministre disgracié vint en France. Le conseil qu'il donna au roi et que Richelieu rappelle encore dans un autre passage du *Testament politique* (Voy. t. II, p. 83), sert d'entrée au chapitre de la *Puissance sur mer* : «Lorsqu'Anthonio Perez fut «reçu en France par le feu roi, votre père, «et que pour lui faire passer sa misère avec «douceur, il lui eut assuré un bon appointe«ment, cet étranger, désirant reconnoître «l'obligation qu'il avoit à ce grand roi et «faire voir que s'il étoit malheureux il n'é«toit pas ingrat, donna en trois mots trois «conseils qui ne sont pas de petite considé«ration : Roma, Consejo y Mar.» (T. II, p. 109.)

[4] Le mot *ressentiment* manque dans la copie.

[5] Ces mots ont été mal écrits d'abord et corrigés ainsi que plus haut.

[6] Ce paragraphe a été barré ainsi que le précédent, et en marge également le mot *Testament*.

On trouve, en effet, dans le *Testament politique* : «Le feu Roi, votre père, ayant «donné charge à M. d'Alincourt de faire re«proche au grand duc Ferdinand de ce que, «après l'alliance qu'il avoit contractée avec «lui, par le mariage de la Reine, votre «mère, il n'avoit pas laissé de prendre une «nouvelle liaison avec l'Espagne; le grand «duc, après avoir ouï patiemment ce qui «fut dit sur ce sujet, fit une réponse qui si«gnifie beaucoup en peu de mots et qui doit «être bien considérée par V. M. et par ses «successeurs : «Si le Roi, dit ce prince, eut «eu quarante galères à Marseille, je n'eusse «jamais fait ce que j'ai fait.» (T. II, p. 123.)

[7] La copie porte : *le mariage du Roy estant fait*. Il s'agit évidemment de Henri IV.

charge à Mr D'Alincour de luy tesmoigner de sa part qu'il ne l'eust jamais creü. A quoy le grand Duc ne respondit autre chose sinon que si le Roy eust eu 40 galères à Marseille, il ne l'eust jamais fait.

XLII.

Luynes dist au Maréchal de Vitry depuis qu'il eust fait tuer le Maréchal d'Ancre, qu'ils avoient eu ce dessein là dès le Mariage du Roy, et que, quand Mr le Prince fut mis prisonnier, il conseilla au Roy de se porter à le faire prendre, afin que par ce moyen la Reyne se l'acquist pour ennemy, et qu'ilz peussent d'autant plus facilement se porter au dessein de la mort dudit Maréchal, qu'en ce cas ilz auroient en leur main Mr le Prince offensé de la Reyne, [prêt] à se porter contre elle ainsy qu'ils voudroient[1].

XLIII[2].

Luynes[3] dit à Piquecos qu'il croioit que si la ligne[4] Roiale avoit manqué, le peuple jettoit[5] les yeux sur luy.

Monsieur de la Vieuville le dit le soir dont la Reine arriva de Liesse à Bonœil, au colonel[6] et à moy.

Il nous dit de plus qu'il avoit voulu se rendre duc de Bretagne et commencer par un engagement que le Roy lui feroit du duché de Bretagne moiennant cinq millions de livres qu'il luy presteroit[7].

[1] Ces différents faits ne se trouvent pas reproduits dans les *Mémoires* de Richelieu. Cependant, dans le livre XII, on trouve une longue récapitulation des prétentions de Luynes. (Voy. Ed. Petitot, t. II, p. 166 et suiv.)

[2] Ce paragraphe est écrit au revers, de la main du cardinal.

[3] La copie intercale le mot *a*.

[4] La copie met *lignée*.

[5] La copie met *jetteroit*.

[6] Le Colonel, c'est d'Ornano.

[7] Richelieu, dans ses *Mémoires* (t. I, p. 546), fait allusion au désir qu'avait Luynes d'obtenir le gouvernement de Bretagne; mais ce n'est qu'en passant; et ailleurs, il semble indiquer que les prétentions du connétable se portaient plutôt du côté de Metz et l'Austrasie : «Il voulut être prince «d'Orange, comte d'Avignon, duc d'Albret, «roi d'Austrasie, et n'eut pas refusé d'avan«tage s'il eut vu jour.» (*Mémoires*, t. II, p. 169.)

Les ambassadeurs Vénitiens se faisaient,

Il adjousta encore qu'il luy avoit souventefois[1] ouy dire qu'il ne tenoit sa fortune que de Dieu et de son espée et que souvent il luy avoit ouy gouster la fortune des anciens Maires du palais.

[Au dos de la feuille qui suit, dans le manuscrit, est un dessin d'une place fortifiée[2].]

XLIV[3].

On void peu de personnes qui tirent l'advantage des fautes de leurs adverses parties. Au contraire d'ordinaire on perd le profit qu'on en peut tirer par une nouvelle faute qu'ils commettent.

XLV.

Prince. — Monsieur Olier[4] m'a dit qu'en l'an 1615 ou 16, le père de la Chau ayant presché à Saint-Pol dont il estoit marguillier fort scandaleusement contre le gouvernement, il saisit ses papiers entre lesquelz il trouva deux promesses, l'une de cinq cens escus de Moisset, l'autre de deux cens de M. le Prince[5].

dès 1621, les échos de bruits analogues qui circulaient à la cour. (Voy. B. Zeller, *Le connétable de Luynes*, p. 8.)

[1] La copie écrit : *maintesfois*.

[2] Il y a un dessin du même genre au dos d'une minute de lettre à Toiras, écrite de la main de Charpentier, qui se trouve dans les archives du Ministère des Affaires étrangères, France, 1631, t. LVIII, fol. 405 (nov.). On sait que Richelieu s'appliquait beaucoup aux détails des choses militaires. M. Avenel a donné en *fac-simile* des plans de bataille dressés par le cardinal lui-même.

[3] De la main du copiste. En marge, toujours de la même main : *Testament*. Le paragraphe est barré.

[4] Ce M. Olier était maître des Requêtes. Il est qualifié d'Intendant de la justice dans les *Mémoires* de Richelieu (t. II, p. 168). Il fut en effet Intendant à Lyon en 1617. Il était des amis de la reine mère et du cardinal qui le conserva dans les affaires lorsqu'il fut au pouvoir. (Voy. Avenel, t. III, p. 661, note.) Il eut pour fils le célèbre M. Olier, le fondateur de Saint-Sulpice.

[5] C'est Henri II de Bourbon, père du grand Condé. On sait qu'il fut à la tête de toutes les cabales qui furent faites pendant la minorité de Louis XIII. La régente, Marie de Médicis, le fit arrêter au milieu de la cour en 1616. (Voy. pour les détails de cette arrestation les *Mémoires* de Richelieu, t. I, p. 333 et suiv.) En cet endroit, Richelieu cite des faits analogues à ceux que contient notre texte : «La Reine, ayant eu «advis certain qu'ils (les princes) faisoient «des pratiques par la ville pour débau«cher le peuple. . ., qu'on sollicite les curés

La première de Moisset estoit particulierement causée à condition qu'il s'estendit contre le gouvernement.

La deuxième estoit pure et simple. Ledit s[r] Olier en parla à M[r] le Prince franchement, qui s'escusa disant que c'estoit deux cens escus qu'il luy donnoit tous les ans.

Cependant c'estoit une simple promesse qui estoit de peu de jours auparavant. La modération de la Reyne empeschea et garantit Moysset[1] de la corde, qu'il avoit desja meritée autrefois, car elle aima mieux pardonner ceste affaire qu'en la pénétrant jusques au bout, y trouver Monsieur le Prince enveloppé.

XLVI[2].

Il y a des gens si fins que subtilisans sur toutes choses, ils font souvent comme ceux qui pour afiler trop la pointe des esguilles les rompent[3].

«et les prédicateurs contre le Roi et contre «elle, que déjà tout haut leurs partisans se «vantoient que rien que Dieu ne les pouvoit «empêcher de changer le gouvernement, etc...».

[1] Dans cette phrase sur Moisset et *sur la corde* qu'il avait déjà méritée autrefois, Richelieu fait probablement allusion au fait suivant qu'il a raconté dans ses *Mémoires* (année 1612) : «Moysset, qui de «simple tailleur était devenu riche parti«san, homme fort déréglé en ses lubricités «et curiosités illicites tout ensemble, lui «proposa (au duc de Bellegarde) que s'il «vouloit il lui mettroit des gens en main «qui, par le moyen d'un miroir enchanté, «lui feroient voir jusqu'à quel point étoit «la faveur du maréchal et de la maré«chale, etc.»

Moisset fut poursuivi à cette occasion devant le parlement, mais l'affaire fut étouffée. (Voy. *Mémoires*, t. I, p. 140 et suiv.)

[2] Tous ces paragraphes sont écrits de la main de Le Masle.

Ils sont effacés ensemble; des mots et des remarques sont écrits en marge, ainsi qu'il suit.

En marge du paragraphe 1er est écrit *Négociation.* Voici le passage du *Testament politique :* «Comme les sots ne sont pas bons à «negocier, il y a des esprits si fins et si «délicats qui n'y sont pas beaucoup plus «propres, parce que, subtilisant sur toutes «choses, ils sont comme ceux qui rompent la «pointe des aiguilles en les voulant trop «affiler. Pour bien agir, il faut des gens qui «tiennent le milieu entre ces deux extrémités; «et les plus déliés se servant de la bonté de «leurs esprits pour s'empescher d'être trom«pés, doivent bien prendre garde de n'en «user pas pour tromper ceux avec qui ils «traitent.» (*Testament politique*, t. II, p. 37.)

[3] La copie écrit à la suite ce proverbe italien : *Chi troppo s'assotiglia si scavezza.*

XLVII[1].

Les meilleurs negotiateurs sont ceux qui marchent franchement et se servent de la bonté de leurs esprits pour empescher d'être surpris.

XLVIII[2].

Ceux que la fortune élève se servent peu souvent de la raison, et comme elle ne leur ayde pas, on voit d'ordinaire qu'elle ne leur peult nuire tant leur[3] fortune est grande.

XLIX[4].

En un siècle foible ou corrompu un homme de bien vertueux et fort[5], aura plus de peine à subsister qu'un meschant ou artificieux[6].

L[7].

Agissant avec vigueur on louera le procéder du Roy. Et quand le succes n'en seroit pas meilleur, au moins aura-t-on diminué la honte lorsqu'on ne pouvoit diminuer le mal[8].

[1] En marge le mot *bon* et le signe Φ.

[2] «Les favoris sont d'autant plus dange«reux que ceux qui sont élevés par la for«tune se servent rarement de la raison, et «comme elle n'est pas favorable à leurs des«seins, elle se trouve d'ordinaire tout à fait «impuissante à arrêter le cours de ceux «qu'ils font au préjudice de l'État.» (*Testament politique*, t. II, p. 49.)

[3] La copie intercale le mot *bonne*.

[4] En marge une croix : ✠.

Ce paragraphe a été employé dans un mémoire très important que le Cardinal adressa au roi en 1629. Il a été reproduit tout entier dans les *Mémoires* de Richelieu (t. IV, liv. xx, p. 257). Cf. Avenel, t. III, p. 189.

[5] Les mots *vertueux et fort* manquent dans la copie.

[6] Le mot *artificieux* est remplacé dans la copie par le mot *vicieux*.

[7] En marge est écrit le mot *Guerre*.

[8] Il faut en toutes choses agir avec vi«gueur, vu principalement que quand même «le succès de ce qu'on entreprend ne seroit «pas bon, au moins aura-t-on cet avantage «que, n'ayant rien omis de ce qui pouvoit «le faire réussir, on évitera la honte, lors«qu'on ne peut éviter le mal, d'un mauvais «événement.» (*Testament polit.*, t. II, p. 9.)

LI[1].

Il y a des gens qui pensent avoir fait le mal quand ils menacent d'en faire, et qui sont si presomptueux qu'ils pensent obtenir par bravades ce à quoy leurs forces ne sont pas bastantes de contraindre.

LII[2].

On disoit de Caton : A quo rem injustam nemo unquam petere est ausus[3].

LIII.

Malus custos amicitiæ satietas[4].

LIV.

Multorum odiis opes nullæ possunt obsistere[5].

LV[6].

Ung des maulx de la France est que jamais personne n'est dans sa

[1] Ce passage, dans la rédaction du *Testament politique*, fait corps avec nos fragments XLVI et XLVII. Voici le texte définitif: «Il y «a des gens si présomptueux qu'ils estiment «pouvoir user de bravades en toutes rencon- «tres, croyant que c'est un bon moyen pour «obtenir ce qu'ils ne peuvent obtenir par «raison, et à quoi ils ne sçauroient con- «traindre par force.» (T. II, p. 37.)

[2] D'une autre main.

[3] Cette parole sur Caton est attribuée à Cicéron dans la préface de Pline. Il est peu probable que ce soit là que Richelieu ait été la chercher. Scioppius, dit Bayle, s'était servi de cette pensée en louant un cardinal. (Voy. Scioppius, *Epist. dedicat. elementor. philosophiæ stoicæ moralis, ad Cynthium cardinalem Sancti Georgii*, Mayence, 1606.) Peut-être est-ce à cette épître dédicatoire que Richelieu a emprunté sa citation.

[4] Cette sentence latine a été paraphrasée par Richelieu dans son *Testament politique* : «L'expérience apprenant à ceux qui ont une «longue pratique du monde que les hommes «perdent facilement la mémoire des bien- «faits, et, lorsqu'ils sont comblés, le désir «d'en avoir de plus grands les rend souvent «ambitieux et ingrats tout ensemble.» (T. II, p. 22.)

[5] Cette sentence est de Cicéron (II *de Off.*). Elle est citée en particulier par Juste Lipse (*Politic.*, lib. IV, cap. XI, éd. 1644, p. 64-5).

[6] Le passage est barré, et en marge une croix ✚ avec le mot *Testament*. En effet, ce passage a été développé dans le *Testament*

charge. Le soldat parle de ce que devroit faire son capitaine. Le capitaine des défaus qu'il s'imagine que fait son maitre de camp, et ny les ungs ny les autres ne sont à faire leur devoir [1].

LVI.

Haligre. — Il est si foible en ses resolutions qu'il est impossible de s'en asseurer par convention [2].

LVII.

Son esprit s'évapore en discours.

LVIII.

Il n'est pas solide mais il parle agreablement et partant il satisfait souvent les simples qui regardent plus le ton des paroles, et la grace avec laquelle elles sont dites, que ce qu'elles signifient.

LIX [3].

Il y a certaines gens qui n'ont point d'action que quand ilz sont esmeus de quelque passion.

(ch. VIII, sect. V) : «Un des plus grands «maux de ce royaume consiste en ce que «chacun s'attache plus aux choses à quoy «il ne peut s'occuper sans faute, qu'à ce «qu'il peut obtenir sans crime.

«Un soldat parle de ce que son capitaine «devroit faire; le capitaine des défauts qu'il «s'imagine qu'a son mestre de camp; un «mestre de camp trouve à redire à son gé«néral; le général improuve et blame la «conduite de la Cour, et nul d'entre eux «n'est dans sa charge et ne pense à s'ac«quitter des choses à quoy elle l'oblige par«ticulièrement.»

[1] Dans la copie, le paragraphe se termine par cette citation : *Et sic quisque gloriam captat ex minutissimis.*

[2] Étienne d'Aligre, chancelier en 1624, mort en 1635. On sait que les sceaux lui furent retirés en 1626, à la suite de la maladroite réponse qu'il fit au duc d'Anjou (Gaston) lors de l'arrestation du maréchal d'Ornano. Le prince, le rencontrant tout de suite après le coup, lui demanda brusquement qui avait donné un pareil conseil au Roi. Le chancelier répondit en balbutiant : «Je n'en sais rien.» Et il avait été du conseil qui avait fait prendre cette résolution. Richelieu ne lui pardonna pas une pareille faiblesse. Quelques jours après, les sceaux étaient donnés à Marillac.

[3] Les sept paragraphes qui suivent sont barrés. En marge le signe Φ et le mot *Testament.*

Sont ceulx que Plutarque dit qui ressemblent à l'encens qui ne sent jamais bon que quand il est dans le feu [1].

LX.

C'est chouse ordinaire de croire que quiconque n'est point en une affaire tasche de la ruiner [2].

LXI.

En France l'on ne donne ordre à rien par précaution; et maisme quand les maux sont arrivez on n'y remédie pas [3] absolument, mais par accommodement, ce qui ne se fait jamais sans beaucoup de préjudice pour l'estat, estant certain que l'on considère les interests particuliers plus que les généraux qui debvroient estre en singuliere recommandation [4].

LXII [5].

Auprès des roys de France il y a tousjours des calomniateurs à re-

[1] Richelieu, dans son *Testament*, applique cette réflexion au Roi : «Estant chose «assez ordinaire à beaucoup d'hommes de «n'avoir point d'action que lorsqu'ils sont «animéz de quelque passion, ce qui les fait «considérer comme l'encens qui ne sent ja-«mais bon que lorsqu'il est dans le feu, je «ne puis que je ne dise à V. M. que cette «constitution, dangereuse à toute sorte de «personnes, l'est particulièrement aux Rois «qui doivent plus que tous les autres agir «par raison.» (*Testament politique*, t. I, p. 244.)

[2] En marge : *Testament.* Cette maxime se trouve en effet transportée dans une phrase du *Testament politique* (t. II, p. 54).

[3] Le mot *pas* manque dans la copie.

[4] En marge une croix ✠ et : *Testament.* Nous donnons le passage du *Testament* en faisant remarquer que la différence de rédaction indique, à elle seule, qu'il s'est passé du temps entre l'époque où Richelieu constata le fait, comme dans notre texte, et celui où il se glorifiait d'y avoir porté remède, dans le *Testament* :

«Il a été un temps qu'on ne donnoit dans «ce royaume aucun ordre par précaution; «et lors même que les maux étoient arrivés, «l'on n'y apportoit que des remèdes pallia-«tifs, parce qu'il étoit impossible d'y pour-«voir absolument sans blesser le tiers et le «quart et l'intérêt particulier qu'on pré-«féroit alors au public : cela faisoit qu'on se «contentoit d'adoucir les plaies au lieu de «les guérir, ce qui a causé beaucoup de «maux dans ce Royaume. Maintenant on a, «graces à Dieu, depuis quelques années «changé cette façon d'agir.» (*Testament politique*, t. II, p. 18.)

[5] De la main de Céberet.

vendre, et qui ne s'attaquent jamais qu'aux meilleurs et plus affectionnez serviteurs que les Roys ont[1].

LXIII.

C'est l'ordinaire des peuples, dit Tacite, de soupçonner les plus gens de bien sous des incertitudes[2].

LXIV.

Les exactions violentes sont tousjours instruments de rebellion et les peuples suivent tousjours la fortune, principalement ceux qui sont nouvellement conquis[3].

LXV.

La ligne de ma santé est si courte qu'il est presque impossible de n'en excéder pas les mesures[4].

LXVI[5].

.....Il n'y a point de gens de bien qui, pour l'amour qu'ilz vous

[1] En marge : *Bouchel, cap. 6*. Ces indications manquent dans la copie. Je suppose qu'il s'agissait ici de Laurent Bouchel, avocat au Parlement, mort vers 1629, et auteur de divers ouvrages de jurisprudence. J'ai vainement cherché auquel de ces ouvrages Richelieu a emprunté la citation ci-dessus. Tout le passage est barré, et en marge un signe de renvoi. Le paragraphe LXII est le sujet même du chapitre VIII de la deuxième partie du *Testament politique* : «Du mal que les flatteurs, medisans et «faiseurs d'intrigues causent ordinairement «aux États, etc.»

[2] Juste Lipse, énumérant les divers défauts du peuple, dit qu'il est *suspicax*, et, à l'appui, il cite cette phrase de Tacite : *Mos vulgo, quamvis falsis reum subdere*. (*Ann.*, I, 39.) Voy. J. Lipsius, *Politic.*, lib. IV, cap. v, p. 46 *b*.

[3] En marge : *Memoires de Villars, p. 877*. (Voy. en effet la page 877 de l'édition de 1630.) Ce renvoi manque dans la copie. En marge, le mot *Testament*. Cette idée est développée en effet, mais non dans les mêmes termes, dans le *Testament politique*, t. II, p. 151.

[4] «J'ay souvent désiré d'être hors du gou«vernement de l'État pour ma mauvaise «santé dont la ligne a été presque si courte «qu'il m'a été impossible de n'en pas excé«der souvent la mesure.» (*Testament politique*, ch. VIII, sect. v, *in fine*.)

Richelieu revient volontiers sur les considérations relatives à sa santé.

[5] Les articles LXVI et LXVII sont de la

doivent, ne désirent avec passion s'en acquiter et vous le rendre, mais il n'y en a point de judicieux qui, pour l'amour de soi-mesme, n'apprehendent extremement de l'entreprendre.

La grandeur de vostre naissance, les qualitez de vostre mariage y jointes[1], le mérite que toute la Chretienté recognoist estre en vous pour avoir non seulement conservé, mais augmenté le premier de ses estatz, la vertu que l'envie mesme recognoist par toute la suite de vos actions estre en vous, font clairement cognoistre qu'il n'y a plume au monde qui puisse escrire aucune chose qui approche de ce qui vous est deub. Ceste considération fermeroit la bouche à beaucoup de gens. Mais puisque c'est gloire de mettre sous le pied tous ses interestz pour ceux de son Maistre[2], bien que nous ne sachions ne pouvoir ce que nous voudrions et que vous meriteriez[3], etc. . . . .

LXVII[4].

Le cœur a esté tenu par tous les Antiens la caution de toutes les debtes qui rendoient les hommes insolvables. Cela estant, nous mettant a vos pieds, nous mettons les nostres entre vos mains, pour que vous en disposiez plus absolument que du vostre qui est le principe de toutes vos actions, vos pensées et vos désirs[5].

grande écriture régulière de copiste. Le passage est barré jusqu'à *Suppliant Dieu*. . . En marge, vers la fin, le mot *bon* comme plus bas. Ce qui suit, jusqu'au titre CONNÉTABLE, a été recopié sur des notes de la main de Richelieu. Ces notes ont été conservées et se trouvent un peu plus loin, au folio 65. Je donne en note les variantes de la première rédaction.

[1] La première rédaction portait : *Que vostre mariage y a jointes.*

[2] Je n'ai pu reconnaître si ces fragments avaient servi à la rédaction d'une lettre de Richelieu. En tous cas, je ne vois pas à quel personnage elle pouvait être adressée. Peut-être ne sont-ce là que des extraits de quelque auteur que le cardinal prenait à cause des tournures de compliments qui pouvaient lui servir. C'est ce que semble indiquer le mot *bon*, mis en marge du troisième paragraphe de ce fragment. Il semble, en tous cas, que si ces paroles émanent de Richelieu, elles ne peuvent s'adresser qu'à Louis XIII ou à Marie de Médicis. Encore ces attributions font-elles l'une et l'autre quelque difficulté.

[3] La première leçon porte *meritez*.

[4] En marge *bon*. Dans le texte de Richelieu, il y a le signe Φ.

[5] La copie du Ministère des affaires étrangères ne met pas ici d'alinéa.

Suplians Dieu qu'il en prive plus tost nos corps en nous ostant la vie que de permettre qu'ilz sortent de vos mains par la perte de nos affections.

En ce faisant, nous vous consacrons toutes nos actions, nos désirs et nos pensées dont le cœur est l'autheur et le principe, par où on cognoist que si on a jamais veu personnes plus obligez, on n'en a jamais veu aussy[1] de plus recognoissans.

LXVIII[2].

Connestable. — Advant que le Connestable partit de la Cour, de toutes pars on donne[3] advis qu'il avoit dessein de porter à la guerre.

On rapporte qu'il disoit d'ordinaire : « Un connestable sans guerre « n'est qu'un nombre; je le savois par théorie[4], maintenant je l'ay ap- « pris par expérience. »

On rapporte qu'il disoit souvent qu'il disposoit les affaires en sorte qu'on seroit contraint de passer outre.

On rapporte qu'il disoit aux huguenots : « Sans guerre vous estes « perdus, je me veux perdre pour vous sauver. »

De toutes parts pareils advis[5]. On represente au Roy qu'il luy avoit donné la connestablie pour le retirer et de l'hérésie et du Dauphiné,

[1] Le mot *aussy* manque dans la copie.

[2] D'une autre main très rapide. La copie met en marge : *Lesdiguières.*

[3] La copie met *donnoit.*

[4] La copie met *récit.*

[5] Ce fragment est du plus haut intérêt. Pour la première fois il renseigne sur les véritables sentiments de Richelieu à l'égard du connétable de Lesdiguières. On voit tout ce qu'il y avait de défiance dans l'usage qu'on faisait du vieux compagnon de Henri IV.

La seconde phrase de notre fragment suffit à elle seule pour expliquer la suppression prochaine de la charge de connétable. Lesdiguières mourut en septembre 1626. Notre texte ne peut donc être postérieur à cette date. Les circonstances auxquelles il est fait allusion permettent de le dater du début de l'année 1625, au moment où Richelieu, sans vouloir s'engager dans la grande guerre contre l'Espagne, désirait seulement faire une diversion à l'affaire de la Valteline, en aidant le duc de Savoie dans sa guerre contre Gênes. Lesdiguières et Créquy servirent sous le duc de Savoie dans cette expédition peu glorieuse par son entreprise et peu glorieuse par ses résultats.

qu'il estoit incertain comme il estoit retiré de l'un; qu'il n'y avoit doncq pas grande apparence de le laisser aller à l'autre.

On represente qu'il pouvoit, par ses intelligences avec les hérétiques, mettre la guerre civile, et, s'entendant Monsieur de Savoye, l'Estranger.

On represente que la guerre seroit meilleure en un autre temps à cause du parti huguenot non esteint, du mescontentement des grands, du peu de grands capitaines, du manque de soldatz disciplinés. Pour n'avoir pas encore tout l'argent amassé qu'on desireroit[1].

D'autre part aussi on represente que s'il vouloit bien faire, il serviroit beaucoup mieux en l'armée de Bresse qu'aucun autre, sa réputation estant grande en Italie, et le désir qu'il avoit de la guerre si cognu que tout le monde jugeroit qu'on ne l'envoyoit pas là sans dessein.

Sur cette considération, le Roy a résolu son voyage avec des précautions.

LXIX[2].

Ce n'est pas sans raison que ceux qui ont la direction des Estats monarchiques disent que les sujets doivent en certains cas avoir une obeissance aveugle envers leur prince, puisque souvent la nécessité les contraint de prendre des conseils qui ne peuvent estre soustenus par aucune raison, mais seulement par l'evenement, mauvais garant des resolutions et des conseils qu'on prend des choses ordinaires.

LXX[3].

Le Cardinal d'Ossat, parlant du Bacha Cigale, renegat qui passant à Messine d'où il estoit, avec une armée, envoya prier le vice-roy de

[1] C'étaient là les véritables raisons qui empêchaient Richelieu de s'engager dès lors dans la grande guerre contre la maison d'Espagne. On doit admirer l'habileté avec laquelle il la prépara de longue main et tâcha tout d'abord d'écarter les obstacles qui pouvaient s'opposer à un succès assuré.

[2] De la main de Richelieu.

[3] De la main de Charpentier.

luy envoyer sa mère qu'il voulut voir, et à qui il fit de grands présens, remarque les liens de la nature estre si forts, que bien que le misérable eust renié son créateur, il n'avoit peu toutesfois se despouiller des sentiments que la nature luy avoit donnés pour sa mère qui immédiatement l'avoit mis au monde[1].

LXXI.

Une ame passionnée ne peult voir souffrir ce qu'elle aime sans sentir son mal avec le sien propre.

LXXII[2].

La France et l'Espagne devant tenir la balance en esgalité, toutesfois.....

LXXIII.

En la cour il faut proceder avec les bons, avec simplicité et franchise, et avec les fourbes, avec prudence, circonspection et autant d'apparence de franchise comme [on] en aura en effet avec les gens de bien.

LXXIV[3].

C'est sagesse en la cour de tascher d'éviter la haine de qui que ce soit, quand mesme on le devroit faire en relaschant de l'austérité qu'on doit avoir au bien. La raison est que tel est impuissant à faire bien qui est très puissant à faire mal; et que beaucoup de princes, quoyque forts en eux mesmes, ne le sont pas à se garantir de l'impression qu'on leur a donnée contre le tiers et le quart[4].

[1] Ce fait et cette réflexion se trouvent en effet dans la lettre du cardinal d'Ossat du 30 octobre 1598 (Éd. in-folio de 1641, p. 350). On voit par ce fragment que Richelieu eut les lettres du cardinal d'Ossat entre les mains dès le temps même de leur apparition. La première édition est de 1624.

[2] De la main du Cardinal.

[3] En marge les signes suivants : ✠, Φ.

[4] Ce passage a été employé dans le *Mémoire* de 1629, dont nous avons fait déjà mention plusieurs fois : «Les princes qui «veulent être bien servis doivent choisir des «ministres qui ne connoissent que la raison «et n'épargnent personne; mais telles gens «sont en un *état* bien périlleux, parce que

LXXV.

J'ay souvent remarqué la bouche de quelques uns asseurer d'une très syncère affection, et le visage tesmoigner une grande jalousie et envie envers celuy à qui on donnoit ces asseurances. Le premier de cet effect vient de la raison, le second du sentiment.

LXXVI.

Il est difficile de tesmoigner comme cela se fait, mais il n'y a personne judicieuse qui ne discerne bien sur le front des hommes certaine impression de peine que la jalousie et envie grave à l'improviste en diverses occasions : un visage jaloux se resserre en diverses occasions[1], et lorsque la raison et l'advertissement qu'un homme se donne à soymesme le veut faire ouvrir, on reconnoist clairement que la raison et la nature combattent ensemble.

LXXVII[2].

Es cours semblables à celle de France où l'on change souvent de

«tel est impuissant à faire bien, qui est très puissant à mal faire, et que beaucoup de princes, (ceci s'adresse à Louis XIII), quoique forts en eux-mesmes, ne le sont pas à se garantir des impressions qu'on leur donne contre ceux qui les servent le mieux et à qui ils doivent plus de protection.» (*Mémoires*, t. IV, p. 258.)

[1] Les huit mots qui précèdent manquent dans la copie.

[2] Le paragraphe est barré. En marge : *Testament.*

Voici le passage du *Testament politique* : «Si la diversité de nos intérêts et notre inconstance naturelle nous portent souvent dans des précipices effroyables, notre légèreté même ne nous permet pas de demeurer fermes et stables en ce qui est notre bien et nous en tire si promptement que nos ennemis, ne pouvant prendre de justes mesures sur des variétés si fréquentes, n'ont pas le loisir de profiter de nos fautes.» (*Testament politique*, t. II, p. 14.)

Le cardinal de Richelieu a reproduit cette même idée dans ses *Mémoires* : «En France, le meilleur remède qu'on puisse avoir, c'est la patience, d'autant que nous sommes si légers qu'il est impossible que les établissemens que nous faisons soient de durée, principalement quand ils sont violents et mauvais.» (Éd. Petitot, t. II, p. 133, a° 1621.)

conseilz, les mutations ne doivent estre prises[1] pour crises mortelles d'un affaire par ce que nostre humeur est si variable que ne demeurans fermement au bien, nous revenons aisément du mal.

LXXVIII.

La plus grande consolation que sauroit avoir un homme franc est de laisser agir son esprit selon l'estendue de sa franchise; mais la corruption des cours[2] est telle, qu'il faut tenir son esprit en sa conduite, et agir avec diverses personnes selon les divers degrés de bonté ou de malice qu'on sçait par expérience estre en eux.

LXXIX[3].

En certaines occasions parler et agir courageusement, apres qu'on a mis le droit de son costé, n'est point courir à une rupture : mais c'est la prévenir et étouffer avant qu'elle naisse[4].

LXXX[5].

En affaires d'Estat, il n'est pas comme des autres : aux unes il faut commancer par l'esclaircissement du droit; aux autres par l'execution et possession[6].

[1] La copie met : *entreprises*.

[2] La copie met : *les cœurs*.

[3] Le paragraphe est barré, et en marge est écrit : *Négociations*.

[4] Il paraît qu'en cette matière, Richelieu prenait aussi son bien partout où il le trouvait. Cette maxime est extraite textuellement d'une lettre que Marquemont, alors ambassadeur à Rome, écrivait à Richelieu sur les affaires de la Valteline (Voy. lettre du 2 octobre 1624, dans Aubery, *Recueil de Mémoires*, etc., in-folio, t. I, p. 77), et elle a été ensuite reportée dans le *Testament politique*, t. II, p. 36.

[5] Les paragraphes suivants sont (sur le même feuillet) de la main de Charpentier.

Le paragraphe LXXX est barré. En marge est écrit : *Testament*.

[6] Le passage du *Testament politique* applique cette pensée spécialement aux crimes d'État : «Bien qu'au cours des affaires ordinaires la Justice requiert une preuve authentique, il n'en est pas de mesme en celles qui concernent l'État, puisqu'en tel cas, ce qui paroit par des conjectures pressantes doit quelquefois estre tenu pour suffisamment éclairci.» (*Testament politique*, t. II, p. 27.)

LXXXI[1].

Le feu comte de Verrue, grand homme d'Estat, disoit qu'il estoit aysé de servir les princes; mais qu'il estoit quelquefois très difficille de les persuader de se laisser servir comme il faut[2].

LXXXII.

Son fils, l'abbé Scaglia, m'a dit que la plus grande peine que puisse avoir le conseil du Roy, depuis la dettention de la Vieuville, [est] de redonner au conseil la repputation de foy et fermeté ès resolutions et promesses que la Vieuville et Puisieux[3] lui avoient fait perdre. Et de fait, je confesse cognoistre par experience la mesme chose.

LXXXIII.

La science d'une femme doit consister en modestie et retenue. Celles doivent estre dittes les plus habiles qui ont le plus de jugement. Je n'en ay jamais veu de fort lettrée qui n'ayt tiré beaucoup d'imperfection de sa grande cognoissance. Et il est vray de dire qu'ainsy que les hommes employent leur capacité à bien, les femmes l'employent à mal.

LXXXIV[4].

Bien que les fautes soient personnelles, il est certain que les légèretés et indiscrétions que les François commettent aux pais estranges, impriment une marque de honte sur le front de toute la nation.

[1] En marge les signes Φ, ✠.

[2] Ce passage est un de ceux qui sont entrés dans la rédaction de l'important Mémoire au roi. (Voy. *Mémoires de Richelieu*, t. IV, p. 254.) Cf. ce qu'Avenel dit en note, t. III, p. 186.

Le comte de Verrue fut un des ministres, et l'abbé Scaglia un des ambassadeurs les plus remarquables qu'ait eus la Savoie au XVIIe siècle.

[3] On sait que La Vieuville et Puisieux sont les ministres qui ont précédé immédiatement Richelieu au ministère.

[4] De la main du Cardinal.

LXXXV[1].

La séparation de deux esprits qui ont accoustumé de vivre ensemble n'est pas moins rude que ce...

LXXXVI.

Le sieur du Plessis[2] parlant des places de seureté, dit que les places de seureté[3] n'ont été données aux Huguenots que pour seureté contre la deffiance. Les causes de seureté durent encore, dit-il, veu que l'édit n'est exécuté en un seul article; donc il faut continuer les places. — J'en tire une conséquence que, puisque l'édit est exécuté et que le temps des places est expiré, il ne les faut plus continuer.

LXXXVII.

La séparation du corps et de l'esprit ne se peut faire sans un grand effort à la nature, et celle de deux esprits qui ont tousjours vescu ensemble en estroite amitié ne se fait pas avec moins de peine.

LXXXVIII[4].

Il y a certaines choses aux évènemens desquelles toute sorte de prudence ne peut pourveoir, parce qu'il n'est pas permis de les prévoir.

LXXXIX.

Celuy qui doit et veut rendre sa vie à un autre ne pense pas volontiers à sa mort.

[1] Ce paragraphe incomplet, dont on trouve plus bas une autre rédaction (voy. § LXXXVII), est omis par la copie.

[2] Il s'agit ici du célèbre Du Plessis-Mornay, dont l'influence sur le parti protestant, à cette époque, était si grande. Il mourut en 1623. Tandis qu'il habitait Saumur, dont il était gouverneur, Richelieu avait eu avec lui de longs entretiens. Ce passage en est peut-être un souvenir. Cf. Avenel. *La jeunesse de Richelieu*, dans *Revue des Questions historiques*, année 1869, 1re livraison, p. 219.

[3] La copie ne répète pas deux fois les mots *places de seureté* et met *qu'elles*.

[4] En marge sont les signes ✢ Φ.

XC.

Ce n'est pas malheur à un homme d'estre esloigné d'une société quand on y veut prendre de mauvais conseils; car c'est une marque asseurée qu'on le tient trop homme de bien pour consentir au mal, et trop habile homme pour ne conoistre pas celuy que l'on vouloit faire [1].

XCI.

Jamais je ne receu une plus grande affliction que par la perte de ce personnage. Ma propre perte ne m'eust pas causé plus de déplaisir. Et, en effet, bien que la séparation du corps et de l'esprit ne se puisse faire sans un grand effort de la nature, le lien d'une ancienne habitude estant égal à celuy de la nature, je ne pense pas que l'effort qui se fait en la séparation d'intimes et fidèles amis soit moindre [2].

XCII.

On a plustost regaigné douze ennemis que d'en ruiner un; et c'est chose beaucoup plus glorieuse.

XCIII [3].

Lorsqu'il s'agit de la seureté de la personne d'un grand, toutes les

[1] Balthazar Gratian que, comme bien d'autres politiques, on pourrait citer fréquemment près de Richelieu, dit : « Il ne suffit pas pour être homme prudent de ne faire point d'intrigues; mais il faut encore éviter d'y être mêlé. » *Homme de cour,* max. XXXIII, trad. Amel. de la Houssaye.

[2] Quel est cet ami à la perte duquel Richelieu se montrait si sensible? Est-ce Du Plessis, évêque de Mende, qui était un peu son cousin et qui mourut en 1628, devant La Rochelle? Richelieu l'aimait et s'aidait de ses services dans les plus difficiles affaires; ou bien s'agit-il de Schomberg ou de D'Effiat qui moururent tous deux en 1632? Il semble que la première hypothèse soit la plus vraisemblable. Mais il faut avouer que l'histoire n'a pas conservé le souvenir d'affections très vives de la part de Richelieu.

[3] Les deux paragraphes XCIII et XCIV sont barrés et annotés en marge ainsi : « Quand on conseilloit à la Reyne de mettre sa personne au hazard entre les mains de Luyne. » Cette note manque dans la copie.

On voit que ce fragment doit avoir été écrit vers le mois d'août 1620, quelque temps avant l'accommodement entre la reine mère et le Roi, et avant l'entrevue de Brissac qui

plus belles raisons du monde ne sont jamais recevables en un conseil douteux.

Principalement quand il s'agit de la seureté de la personne d'un prince qui en hazardant sa personne ne hazarde pas la perte de son ennemi, comme un homme à qui la nature a mis les armes en main peut faire.

XCIV[1].

Aux grands esprits les fortes et solides raisons sont excellentes, et les raisons foibles sont bonnes pour les esprits médiocres[2].

XCV.

Chacun conçoit les affaires selon la portée de son esprit; la plus grande affaire est aisée et petite aux grands esprits, et les esprits foibles trouvent tout de grande conséquence. D'autre part aussy quelquefois ces petits esprits n'estiment pas de grande conséquence les affaires qui le sont le plus, pour ce qu'ils ne sont pas capables de les cognoistre.

XCVI[3].

Il importe grandement que le prince qui veut estre aimé donne les principales charges de son estat à des personnes qui soient aimées et dans le mérite desquelles on puisse trouver la cause de leur élévation.

suivit cette réconciliation. Au-dessous de la note est écrit le mot *Testament*. Mais je n'ai pas rencontré ce passage dans le texte du *Testament politique*.

[1] De la main de Le Masle. Ces paragraphes sont barrés ; en marge : *Négociation*.

[2] Voici le passage du *Testament politique* : «Il est à remarquer qu'ainsi que les raisons «fortes et solides sont excellentes pour les «grands et puissants génies, les foibles sont «meilleures pour les médiocres, parce qu'elles «sont plus à leur portée. Chacun conçoit les «affaires selon sa capacité ; les plus grandes «semblent aisées et petites aux hommes de «bon entendement et de grand cœur ; et «ceux qui n'ont pas ces qualités trouvent «d'ordinaire tout difficile.» (*Testament politique*, t. II, p. 36.)

[3] D'une autre écriture : Deux paragraphes barrés ensemble. En face du premier est écrit : *Conseil*, et les deux signes Φ ✢.

Ces deux paragraphes sont reproduits presque textuellement dans le *Testament politique*, t. II, p. 48.

XCVII[1].

C'est aux grands princes à chercher les grands hommes, non dans la foule de ceux qui se pressent à la porte des favorits, mais dedans le nombre de ceux qui ont du mérite dans l'Estat.

XCVIII.

Il aliénoit plus de cœurs au roy qu'il ne luy amassoit de testons[2].

XCIX[3].

Il y a certaines personnes qui naturellement n'aiment rien et ne laissent pas toutesfois d'avoir des affections très violentes parce qu'elles sont en eux maladies dont les accès sont plains de feu, et ainsy que la cause des fièvres est la corruption des humeurs, ainsy peut-on dire que telles affections sont plus tost fondées au défaut de celuy qui aime qu'au mérite de la chose aimée[4].

[1] En marge les deux signes Φ ✠. Voir la note précédente.

[2] Je n'oserais pas dire que c'est en pensant à Sully que Richelieu a écrit cette ligne. Mais c'était le jugement qu'il portait sur le ministre de Henri IV, comme on peut voir dans les *Mémoires*, liv. I et II.

[3] Ce paragraphe est barré ainsi que le suivant. On lit en marge : *favoris*, et au-dessous les signes Φ ✠✠.

[4] L'allusion que Richelieu fait aux *favoris* dans le sévère chapitre du *Testament politique* où il donne au Roi des conseils pour sa propre conduite personnelle, ne va pas cependant jusqu'à la rudesse de la pensée que nous publions; voici le passage du *Testament* :

«Si ceux qui ont libre accès aux oreilles «des Rois sans le mériter sont dangereux, «ceux qui en possèdent le cœur par pure «faveur le sont bien davantage, puisque «pour conserver un tel héros, il faut par «nécessité que l'art et la malice suppléent au «défaut de la vertu qui ne se trouve pas en «eux.» (Ch. VI, p. 249.)

Il faut observer, à ce sujet, que lorsque Richelieu, arrivé à la fin de sa carrière, se mit à la rédaction du *Testament*, il avait, comme il le dit lui-même, appris à reconnaître, par sa propre expérience, que l'influence des favoris auprès du roi était moins grande qu'il ne l'avait craint tout d'abord, «soit, ajoute-t-il, que ce jugement «fût mal fondé, soit que les réflexions que «le temps lui a fait faire (à V. M.) sur moi-«même, lui ont ôté cette facilité de la pre-«mière jeunesse.» (P. 249.)

Cf. *Recueil* d'Aubery, t. II, p. 788, et *Lettres du Cardinal*, p. 265.

Telles affections[1] estant violentes sont d'ordinaire[2] de peu de durée, et lorsqu'elles continuent elles apportent souvent, ainsy que les fièvres de cette nature, ou la mort au malade, ou un défaut de santé qui difficilement se répare par après.

C[3].

L'Empereur Charles le Quint laissa comme[4] par testament à son fils Philippes II, roy des Espagnes[5], un sage et judicieux conseil de faire tousjours les affaires de ceux qui feroient les siennes et son service fidèlement, et qu'en usant ainsy, Dieu le feroit prospérer et rempliroit de ses saintes bénédictions toutes ses saintes entreprises[6].

CI[7].

Il y a des personnes de constitution si foible qu'ils ne se portent d'eux mesmes à aucune chose, mais reçoivent seulement les occasions et les rencontres qui font plus en eux qu'eux en elles. Il ne faut pas attendre de grands effets de telles gens, ny leur sçavoir gré du bien qu'ils font, ny leur vouloir mal de celuy qu'on en[8] reçoit, d'autant que, à proprement parler, c'est le hazard qui travaille en eux[9].

[1] La copie met *actions*.

[2] La copie met *aussy*.

[3] En marge le signe Φ.

[4] Ce mot manque dans la copie.

[5] *Roy des Espagnes* manque dans la copie.

[6] «Le vray moyen d'empescher qu'un «serviteur ne pense trop à ses intérêts est «de pratiquer le conseil de cet Empereur, «qui recommande à son fils d'avoir grand «soin des affaires de ceux qui feront bien «les siennes.» (*Testament politique*, ch. VIII, sect. VII, 1764, p. 296.)

Ce passage est aussi entré dans la rédaction du Mémoire que le cardinal de Richelieu adressa au Roi en 1629. (Voy. *Mémoires*, t. IV, p. 277. Cf. Avenel, t. III, p. 196, note 4, et p. 206.)

[7] Le paragraphe est barré. En marge : *Conseil.*

[8] Le mot manque dans la copie.

[9] Voyez *Testament politique*, ch. VIII, section V, 1764, page 281 : «Il y a «des hommes de si peu d'action et de «constitution si foible, qu'ils ne se por«tent jamais d'eux mesmes à aucune chose, «mais reçoivent seulement les occasions qui «font plus en eux qu'eux en elles. Telles «gens sont plus propres à vivre dans un «cloître qu'à estre employés au maniement «des Estats, qui requièrent application et «activité tout ensemble; aussi quand ils y «sont, ils font autant de mal par leur con«duite languissante qu'un autre y peut faire «de bien par une active application. Il ne

CII[1].

. . . . Toutesfois et quand un ministre tiendra ferme pour les interets du Roy et parlera comme il agira, s'il s'en trouve d'autres qui, quoy qu'ils agissent comme luy, parlent autrement aux parties en leur complaisant, ils declineront l'envie et chargeront de hayne celuy dont les paroles sont conformes aux actions[2].

CIII[3].

Ceux qui ont remis un forfait autresfois l'ont remis à ceux de qui ils n'avoient occasion de douter semblable conspiration; mais de pardonner à ceux qui retiennent la mesme volonté et mesmes moyens pour faire mal, c'est plustost témérité que douceur[4].

CIV[5].

C'est l'ordinaire des grandes ames et des esprits plus relevez de ne

«faut pas attendre de grands effets de tels «esprits. On ne doit pas leur savoir gré du «bien qu'ils font, ny leur vouloir grand mal «de celuy qu'on reçoit, d'autant qu'à proprement parler, le hazard agit plus en eux «qu'eux mesmes.»

[1] En marge : *Conseil.* Le passage est barré.

[2] Voy. *Testament politique*, ch. VIII, sect. II, p. 273 :

«La probité du Conseiller d'État requiert «que tous ceux qui sont employés au gou«vernement de l'État marchent de même «pied, et que comme ils agissent à même «fin, ils tiennent semblable langage; autre«ment s'il s'en trouve quelqu'un qui agis«sant bien, en effet, parle plus foiblement «que les autres pour décliner l'envie, outre «qu'il n'aura pas la probité requise au Mi«nistre d'État, il chargera de haine ceux «dont la franchise des paroles est corres«pondante à la fermeté de leurs actions.»

Cette maxime a dû être inspirée à Richelieu par la conduite du chancelier d'Aligre, lors de l'affaire d'Ornano. (Voy. plus haut, note du fragm. LVI.)

[3] De la main du Cardinal.

[4] C'est presque le vers de Corneille qu'il a mis dans *Cinna* d'abord, puis dans les *Inscriptions* sur le règne de Louis XIII :

Qui pardonne aisément invite à l'offenser,
Et le trop de bonté jette une amorce au crime.

[5] De la main du copiste. Le paragraphe est barré. En marge : *Conseil.*

«Tant s'en faut que le courage requis «au parfait conseiller d'État l'oblige à ne «penser qu'aux grandes choses, ce qui ar«rive souvent aux âmes les plus élevées, «lorsqu'elles ont plus de cœur que de juge«ment; qu'au contraire, il est nécessaire

penser qu'aux choses grandes, mais il est du tout nécessaire qu'ils se contraignent et s'abessent aux plus petites, veu que des moindres[1] commencementz naissent les plus grandz desordres et que les grandz establissementz ont fort souvent pour origine[2] des advis qui sembloient estre de nulle considération.

CV[3].

Il faut écouter beaucoup et parler peu, pour bien agir au gouvernement d'un Estat[4].

CVI.

Il y a certains maux en l'Estat, qui sont d'autant plus grands que moins en a on de sentiment et que plus sont ilz imperceptibles : la phtisie ne rend pas le poux[5] esmeu, et cependant elle est mortelle; pour pourvoir à toutes choses, il faut prévoir les moindres inconvéniens qui peuvent advenir[6].

«qu'il s'abaisse aux médiocres, bien que «d'abord elles lui semblent au-dessous de «sa portée; parce que souvent des grands «désordres naissent de petits commence-«mens, et que les établissemens les plus «considérables ont quelquefois des principes «qui paroissent de nulle considération.» (*Test. pol.*, ch. VIII, sect. IV, p. 277.)

[1] Le mot *moindres* manque dans la copie.

[2] Les mots *pour origine* manquent dans la copie.

[3] Ce paragraphe et le suivant sont barrés. En marge : *Conseil.*

[4] «Comme il est de la prudence du Mi-«nistre d'État de parler peu, il en est aussi «d'écouter beaucoup.» (*Test. pol.*, ch. VIII, section Ire, I, p. 269.)

Leclerc, dans sa *Vie du cardinal de Richelieu* (t. III, p. 365), fait observer que cette maxime est une de celles qui se trouvaient le plus fréquemment dans la bouche du Cardinal.

[5] Le paragraphe est écrit de la main du copiste ordinaire, et ce qui semble prouver qu'il ne fait que recopier des remarques jetées rapidement sur le papier par le Cardinal, c'est que ce mot *poux* avait été laissé en blanc par lui; probablement il n'avait su le lire. Plus tard, une autre main a écrit *poux* d'une autre encre.

[6] Voici le passage du *Testament politique* : «Il faut dormir comme le lion sans fermer «les yeux qu'on doit avoir continuellement «ouverts pour prévoir les moindres inconvé-«niens qui peuvent arriver; se souvenir «qu'ainsi que la phtisie ne rend pas le poux «ému bien qu'elle soit mortelle, aussi arrive-«t-il souvent dans les Estats que les maux «qui sont imperceptibles de leur origine, et «dont on a moins de sentiment, sont les

CVII[1].

Les Estatz sont bien heureux qui sont gouvernez des gens sages, mais d'autant plus telz gouverneurs sont sages, d'autant moins sont ilz heureux, le faix d'un Estat estant si grand que plus un homme est sage, plus en apprehende il la pésenteur, et plus est il en perpétuelle méditation pour l'empescher qu'il ne l'accable.

CVIII[2].

Les Estatz sont bienheureux qui sont gouvernez par des hommes sages; mais entre ceux qui les gouvernent, ceux d'ordinaire qui sont les moins sages sont les plus heureux, estant certain que plus un homme est habile, plus ressent[3] il le faix du gouvernement d'un Estat, qui occupe tellement les meilleurs espritz que les perpétuelles méditations qu'ilz sont contraintz d'avoir ne leur laissent pas un moment de repos et les privent de tout contentement, fors de celuy qu'ilz peuvent recepvoir de voir beaucoup de gens dormir à repos à l'ombre de leurs veilles et vivre heureux par leurs misères[4].

«plus dangereux, et ceux qui viennent enfin «à être de plus grande conséquence.

«Le soin extraordinaire qu'il faut avoir «pour n'être point surpris en telles occasions «fait qu'ainsi qu'on a toujours estimé les Es«tats gouvernés par les gens sages, bien heu«reux, aussi a-t-on cru qu'entre ceux qui les «gouvernoient, ceux qui étoient les moins «sages étoient les plus heureux.

«Plus un homme est habile, plus ressent-il «le faix du gouvernement dont il est chargé. «Une administration publique occupe telle«ment les meilleurs esprits que les perpé«tuelles méditations qu'ils sont contraints de «faire pour prévoir et prévenir les maux qui «peuvent arriver, les privent de repos et de «contentement hors de celui qu'ils peuvent «recevoir, voyant beaucoup de gens dormir «sans crainte à l'ombre de leurs veilles, et «vivre heureux par leur misère.» (*Test. pol.*, t. II, p. 19.)

[1] Le paragraphe est barré.

[2] En marge, une croix et le mot *Conseil.* Pour le passage du *Testament politique*, voir la note 6 de la page 778.

[3] Il y avait d'abord écrit : *recognoist.* Une autre main a corrigé par *ressent.*

[4] Tout le paragraphe est barré; en marge : Φ, le mot *Conseil*, et une croix ☩.

CIX[1].

Au reste, le travail qu'on fait pour le public n'est souvent recognu d'aucun particulier. Il n'en faut esperer d'autre recompense que celle de la renommée propre à payer les grandes âmes; celuy qu'on regarde le plus n'est pas toujours celuy qui mérite le mieux[2].

CX[3].

Les grands hommes qu'on met au gouvernement de l'Estat[4] sont comme ceux qu'on condamne au supplice, avec cette différence seulement que ceux cy recoivent la peyne de leur faute et les autres de leur mérite.

CXI[5].

Nul ne voit jamais si clair aux affaires d'autruy que celuy à qui elles touchent le plus.

CXII[6].

Les anciens disoient[7] qu'un homme sage est le remède à tous maux, et lorsqu'il avoit une mission il tiroit son instruction de soy mesme[8].

CXIII[9].

Les tyrans couvrent ordinairement le crime de leur violence du faux masque de quelque bien public.

[1] Le passage est barré; en marge : *Testament* et une croix ✠.

[2] Les premières lignes de ce paragraphe sont reproduites textuellement dans le *Testament politique*, t. Ier p. 275. La dernière phrase est retranchée.

[3] Le passage est barré; en marge : *Testament*. Ce passage est reproduit textuellement dans le *Testament politique*. (Voir la note 6 de la page 778, qui reproduit le texte définitif adopté dans le *Testament politique*.)

[4] Les mots *de l'État* manquent dans la copie.

[5] De la main de Le Masle. Barré. En marge : *Conseil.*

[6] De la main du Cardinal.

[7] Ces deux mots sont soulignés; au-dessus est écrit de la même main : *sui authoris*. Le passage est barré; en marge : *Conseil.*

[8] Les derniers mots manquent dans la copie.

[9] En marge est écrit : *Sévérité.*

CXIV[1].

Un ancien disoit que l'on ne scauroit passer deux fois sur une mesme rivière[2]; et Eusebe de Césarée deux fois devant un mesme homme. Tant ces deux icy sont semblables en changement; celuy là ne tient guere une mesme eau, celuy-ci ne demeure jamais en mesme estat.

CXV[3].

Sa valeur meritoit ce semble une autre fin que celle qu'il fit, mais sa cruauté ne luy en permettoit point de plus douce, puisque la mort est souvent semblable à la vie, et difficillement un prince cruel finit ses jours par la voie ordinaire de nature.

CXVI[4].

L'adolescence est comme le printemps qui donne seulement des marques des fruits à venir, tandis que d'autres saisons sont destinées pour en faire la récolte et la moisson. Et comme les pommes ne s'arrachent qu'avec violence si elles sont vertes et tombent d'elles-mesmes estant meures, ainsy un effort violent arrache des jeunes gens la doctrine aussy bien que la vie, que le poids et la maturité tire[5] de la vieillesse sans force et sans violence.

CXVII[6].

Bien souvent en la cour des Princes, le throsne de la Justice est posé une marche au dessous de celuy[7] de la Faveur[8].

[1] En marge est écrit ce titre : *Légèreté des François.*

[2] La copie porte : *sur un même fleuve.*

[3] Le paragraphe CXV manque dans la copie. Ce paragraphe semble se rapporter aux remarques sur la vie et la mort d'Alexandre qui sont publiées ci-dessus (voy. fragm. n° V et suiv.); je ne sais comment il a été transporté ici.

[4] De la main du Cardinal; en marge est écrit : *Saint-Victor.*

[5] Le mot *tire* manque dans la copie et la phrase est ainsi construite : «que le poids «et la maturité de la vieillesse donne sans «force et sans violence.»

[6] Le paragraphe est barré; en marge : *Testament.*

[7] Les mots *de celuy* manquent dans la copie.

[8] La même image se trouve employée dans une phrase du *Testament politique :* «Un «royaume est en mauvais état lorsque le

CXVIII.

Quelquefois les grands sont contraints de faire des choses qui sont au dessous d'eux, d'autant que la nécessité des affaires ne conoist pas les loix de la grandeur[1].

CXIX[2].

Je scavois bien que quoyque le fais des affaires ne surpassast pas la portée de mon esprit, il n'avoit aucune proportion avec la foiblesse de mon corps. Je le sentois par expérience qui tous les jours[3] me rendoit plus certain de ce que j'avois tousjours[4] preveu. Je m'en plaignois à quelques uns de mes amis les plus confidens. Je consultois avec eux des remèdes[5]. Mais estant difficile d'establir une règle en France et estant des grandes[6] affaires de la Cour comme des eaux qui ne vont point à demy es lieux où elles ont libre passage : tous expédiens considérés je trouvois avec eux qu'il n'y avoit qu'à prendre ou laisser. Mes souhaits choisissoient le dernier, mais mon honneur m'engageoit, au contraire, veu la nature des grandes affaires dont il estoit plus que rai-

« trône de cette fausse déesse (la Faveur) est « élevé au dessus de la Raison. »

[1] Sur le manuscrit original, le bas de la page où il y avait quelque chose d'écrit en plus, à la suite de ce paragraphe, a été déchiré.

[2] En tête de ce paragraphe, écrit de la main du Cardinal, se trouve le signe ✚. On lit en marge : « Faut mettre cette pièce « après la lettre; » mais ces mots sont barrés. Au-dessous : *Retraitte de la Cour,* et une croix ✚.

[3] Les mots *tous les jours* manquent dans la copie.

[4] Le mot *tousjours* manque dans la copie.

[5] Dans les premières années du ministère du cardinal de Richelieu, il fut plusieurs fois question de sa retraite volontaire. En 1629, après la prise de la Rochelle, il adressa au roi un long mémoire où il proposait de se retirer. Ce mémoire a été publié avec le plus grand soin par M. Avenel (t. III, p. 179 et suiv.). Richelieu, d'ailleurs, l'a fait entrer dans la rédaction de ses propres Mémoires. On a vu, dans quelques-unes des notes ci-dessus, que plusieurs de nos fragments y ont trouvé place (voy. *supra* p. 760, note 4). On peut supposer que ce fragment se rapporte aux mêmes circonstances. Richelieu probablement avait l'intention de le placer dans le corps des Mémoires après la lettre au roi dont nous venons de parler. Mais on ne trouve pas ce fragment dans les éditions des Mémoires.

[6] Le mot *grandes* manque dans la copie.

sonnable que je visse la fin, m'estant trouvé dans les commencemens. Outre les sentimens que me donnoit la passion que j'ay tousjours euë au bien de l'Estat et de la Royauté, je savois bien, qu'en la cour comme en la guerre, quiconque fait une[1] retraite à la veuë des ennemis s'expose à estre poursuivy et souvent deffait tout ensemble. Je n'ignorois pas que la calomnie n'est jamais muette et que son jeu est d'inventer où la vérité ne trouve rien à redire. Partant je concluois qu'il estoit de moy comme des soldats qui estans commandés de donner à une brèche non raisonnable, y donnent volontairement quoy qu'ilz scachent y devoir perir par ce que ilz preferent leur honneur à leur vie.

CXX[2].

Il n'y a point de place au monde qui pour forte qu'elle soit en elle-mesme puisse se garantir d'être emportée à la longue si elle ne défend ses dehors avec soin. Il est de même des plus grands rois qui ne scauroient conserver leur auctorité en son entier, s'ilz n'ont un soin extraordinaire de la soustenir ès moindres[3] de leurs officiers proches ou eloignés de leur personne, qui sont les pièces de dehors qu'on attaque les premières, la capture desquelles donne hardiesse de faire effort contre celles du dedans, quoy qu'elles semblent imprenables, comme sacrées et attachées à la propre personne des rois.

CXXI.

Comme il n'y a point d'homme qui, plusieurs fois le jour, pour excellent qu'il soit ne se trouve homme, c'est à dire imparfait, il est vrai de dire que les[4] excellens esprits ont une fois le jour des pensées qui tiennent plus de la divinité que de l'imperfection de leur nature. Partant ceux qui, avec jugement, prennent du temps pour parfaire ce qu'ilz entreprennent donnent des marques de leur jugement et obligent le

[1] Le mot *une* manque dans la copie.

[2] Le paragraphe tout entier est barré. En marge, le signe Φ et le mot *Conseil.* Ce paragraphe se trouve textuellement transporté dans le *Testament politique,* ch. VIII, sect. VII, t. Ier, p. 296. — [3] La copie dit : *de soutenir les moindres officiers.*

[4] La copie intercale ici le mot *plus.*

public. Mais ceux qui abusans de la facilité de leur plume font des volumes en peu de temps desobligent le public et laissent à la postérité des marques de leur témérité et présomption.

CXXII.

En la pluspart du monde les prospérités n'ont point de compagne plus asseurée que la meconoissance et l'oubly des offices passés.

CXXIII[1].

Aux esprits dont la partie judiciaire est au[2] premier degré d'éminence, beaucoup d'actions semblent procéder d'un grand courage qui ne sont qu'effets d'un extraordinaire jugement.

CXXIV[3].

Au cours des affaires ordinaires, la justice requiert une clarté et évidence de preuve. Mais ce n'est pas de mesme aux affaires d'Estat où il s'agit de *summa rerum*. Car souvent les conjectures doivent tenir lieu de preuves, veu que les grands desseins et notables entreprises ne se vérifient jamais autrement que par le succès ou evenement d'icelles qui ne reçoit plus de remède[4].

[1] Le paragraphe est barré; en marge : *Testament.* L'éloge de la partie judiciaire dans un conseiller d'État se trouve au chap. VIII, sect. II, du *Testam. pol.* Mais les termes sont différents.

[2] La copie porte *le.*

[3] Le paragraphe est barré; en marge le mot *Testament.* Cf. le texte du *Testam. pol.* que nous avons donné plus haut en note sous le frag. n° LXXX (*Testam. pol.*, t. II, p. 27). Nous rapportons ci-dessous la fin du passage.

[4] Le dernier membre de phrase manque dans la copie. — Cette opinion si importante de Richelieu sur les matières d'État est ainsi exposée dans le *Testament politique* : «Il faut, «en telles occasions, commencer quelquefois «par l'exécution, au lieu qu'en toutes autres, «l'éclaircissement du droit par témoins ou «par pièces irréprochables est préalable à «toutes choses.

«Ces maximes semblent dangereuses et, «en effet, elles ne sont pas entièrement «exemptes du péril; mais elles se trouveront «très certainement telles, si, ne se servant «pas des derniers et extrêmes remèdes aux «maux qui ne se vérifieront que par conjec-«tures, l'on en arrête seulement le cours par «des moyens innocens, comme l'éloignement

CXXV.

Cette maxime semble dangereuse et en effet elle a quelque chose de périlleux qui ne peut estre corrigié que par la perspicacité[1] d'un esprit judicieux et pénétrant qui, savant au cours des affaires, conoit aussy certainement le futur par le present, que les jugemens médiocres par la veuë des choses mesmes. Mais d'autant que la conséquence[2] de cette maxime n'est dangereuse que pour le particulier, elle ne laisse pas d'estre recevable, veu que la perte des particuliers n'est pas comparable au salut public et que le péril ne peut tomber que sur quelques particuliers au lieu que le public en recoit le fruit et l'avantage.

Cette maxime est bonne pour les grands esprits et ouvriroit à ceux qui sont médiocres une voie à la tyrannie.

CXXVI[3].

Le roy de Calicuth haissant à mort les Portugais qui ne luy avoient fait aucune chose dont il se peust plaindre légitimement, mais, au contraire, qu'il avoit maltraités, tués et égorgés dans son pays contre sa parolle, un sien nepveu, pour le dissuader d'entreprendre guerre

«ou la prison des personnes soupçonnées. La «bonne conscience et la pénétration d'un es-«prit judicieux qui, sçavant au cours des «affaires, connoit presque aussi certainement «le futur par le présent que les jugemens «médiocres par la vue des choses mesme «garantira cette pratique de mauvaise suite; «et au pis aller, l'abus qu'on y peut com-«mettre n'étant dangereux que pour les parti-«culiers, à la vie desquels on ne touche point «par telle voie, elle ne laisse pas d'être rece-«vable, vu que leur intérêt n'est pas compa-«rable à celui du public. Cependant il faut, «en de telles occasions, être fort retenu pour «n'ouvrir pas, par ce moyen, une porte à la «tyrannie, dont on se garantira indubitable-«ment si, comme j'ai dit ci-dessus, on ne se «sert en cas douteux que de remèdes inno-«cens.» (*Testam. pol.*, t. II, p. 28.)

C'est ici une justification anticipée des jugements par commissions. Il n'est pas sans intérêt de remarquer que la formule donnée à cette pensée dans le passage du *Testament politique* est notablement plus adoucie que celle que donne notre texte.

[1] La copie intercale les mots : *de ceux qui ont.*

[2] *La conséquence* manque dans la copie.

[3] Ces deux paragraphes se trouvent déjà plus haut. Nous les reproduisons ici cependant parce qu'ils présentent quelques différences de rédaction qui pourront servir à déterminer les procédés de travail de Richelieu et de ses secrétaires. C'est ici évidem-

contre eux et le roy de Cochin avec qui ilz estoient alliés, leur tint un langage à mon jugement digne de remarque. « Que vous ont fait les « Portugais? Ils se montrent vaillans, chantent quand on les blesse, « combattent estans assaillis et se vangent asprement des outrages qu'on « leur fait. »

CXXVII[1].

Le roy de Cochin estant presque tout despouillé de son royaume par le roy de Calicuth qui n'avoit entrepris guerre contre luy qu'à cause qu'il portoit les Portugais, fit une réponse digne de luy lorsqu'estant en ce miserable estat, le roy de Calicuth lui offrit de luy rendre son royaume pourveu qu'il luy livrast quelques Portugais qu'il avoit avec luy, ce qu'il ne voulut pas faire, disant qu'on le pouvoit bien dépouiller de son royaume, mais non pas de la foy que doit avoir un roy.

CXXVIII[2].

Il n'a consolation qu'en la confiance que vous avés en luy et à penser tous les jours aux moiens de vous rendre glorieux et faire vivre vostre nom.

CXXIX[3].

Il n'appartient qu'aux grandes âmes de servir fidèlement les rois et supporter sans degoust la calomnie que les méchantz et les ignorantz mettent à sus aux gens de bien, sans pour cela se relacher du service qu'on est obligé de leur rendre.

ment la première rédaction. Plus haut se trouve la mise au net. Voy. n° XXXII et XXXIII.

[1] On lit en marge le mot *foy*.

[2] En marge : *Testament* et une croix ✠. Je n'ai pas retrouvé cette phrase dans le *Testament politique*.

[3] De la main de Cherré. En marge : *Testament* et le signe Φ. Ce passage se retrouve avec quelques légères variantes dans le *Testam. pol.* (ch. VIII, sect. III, p. 275-276).

Dans une lettre de Richelieu à Marillac, on lit le passage suivant : « Pour ce qui est « des calomnies dont vous faites mention par « votre lettre, vous savez comme j'en ay esté « persécuté; comme elles n'ont point de fon- « dement, il n'en faut faire aucun estat. Elles

CXXX[1].

J'aime mieux laisser par testament à mes filz un exemple de fidélité et honesteté qu'un riche patrimoine.

CXXXI[2].

Si le roy[3] François Ier eust arresté M. de Bourbon quand il passa à Moulins sur l'advis qu'il eut qu'il traitoit avec l'empereur Charles-Quint, il n'eust pas esté pris en la bataille de Pavie et la France n'eust pas souffert la plus insigne perte qu'elle ait jamais receuë.

CXXXII.

Que l'on ne se moque point de l'empereur Antonin pour avoir fait son cheval consul et grand prestre, puisqu'en France l'on fait les asnes conseillers d'État. Le mulet de M. de Villeroy a sujet de se plaindre et de disputer son rang. Il doit estre receu à marcher devant tous, pource que souvent il est plus chargé de conseil, en portant son maistre, que tous ces nouveaux conseillers d'Estat ensemble[4].

«exercent ceux contre qui on les épand et «servent à la gloire de ceux à qui on veut «nuire.» (Avenel, III, 536.)

[1] De la main du Cardinal.

[2] Le paragraphe est barré; en marge : *Testament.* Cet exemple me semble correspondre tout à fait avec ce passage du *Testam. polit.* : «On estime quelquefois qu'il est «de la bonté des Rois de tolérer les choses «qui semblent de peu d'importance en leur «commencement, et moi je dis qu'ils ne «sauroient être trop soigneux de découvrir et «étouffer les moindres intrigues de leurs ca-«binets et de leurs cours en leur naissance. «Les grands embrasements naissent de pe-«tites étincelles; quiconque en éteint une, ne «scait pas l'incendie qu'il a prévenu.» (T. II, p. 57.)

[3] Les mots *le Roy* manquent dans la copie.

[4] Ce passage, par le ton, semble avoir été destiné à un pamphlet. On sait, d'ailleurs, que Richelieu ne dédaignait pas de mettre lui-même la main à ce genre d'ouvrage. Voy. de Mourgues, *Lettre du P. Chanteloube* (éd. in-8°, p. 40). On disait du roi Louis XI le même mot que Richelieu applique ici à M. de Villeroy : «que sa haquenée le portait, lui et tout son conseil.» Voy. Bayle, *Dict.*, art. *Brézé*, note c.

CXXXIII.

Les places servent pour éviter une prompte cholère d'un maistre. Mais qui apporte sa teste dans le Louvre, ne se doit prevaloir de places ny de charges. Les gouvernemens et charges sont espèces d'usurpation. Le roy les peut repeter quand bon luy semble. Cependant, la teste sert de gage, jusqu'à tant que la restitution en soit faite [1].

CXXXIV [2].

Tout homme qui a eu la faveur n'aime jamais ceux qui la possèdent après luy, quoyqu'il souffre un autre regner; la raison est qu'ayant une fois espousé la faveur, il croit que tous ceux qui la possèdent après luy en sont adultères.

CXXXV.

Une des choses qui empesche que la France n'aille bien, est qu'il n'y a personne qui ayt aucune charge, commission ou employ dans le royaume, qui n'en face un mestier, ne regardant pas à ce qu'il doit faire pour s'acquiter de sa charge, mais bien à ce qu'il doit faire pour que sa charge lui apporte du profit. Par exemple, un général d'armée ne donnera point bataille s'il pense, par la bataille, desfaire en sorte les ennemis qu'il n'y ait plus de guerre. L'impunité, la non-récompense et la vénalité portent bien à cela [3].

CXXXVI [4].

Il ne faut pas laisser un moment d'intermission aux affaires commencées [5], et il les fault suivre d'une perpétuelle continuité du dessein et

[1] Suivent ici, sur le ms., de la main du Cardinal, les paragraphes XXI, XXII, XXIII, XXIV, qui ont été donnés plus haut, d'après la mise au net de la main du copiste.

[2] De la main de Céberet. Barré; en marge : *Testament.*

[3] A la suite de ce fragment vient une page entière de la main de Richelieu, qu'un copiste a reproduite plus haut (Frag. LXVI), sauf quelques variantes que nous avons indiquées.

[4] Ce paragraphe est barré; en marge : *Négociation* et une croix ✠.

[5] La copie porte : «laisser les affaires commencées.»

qu'agir ou cesser ne soit que par dessein et non pas par relasche d'esprit, indifférence des choses, vacillation de pensées ou dessein contraire[1].

CXXXVII.

Rochelle[2]. — Sur le subject du différent de la Rochelle, lorsque le Roy la voulust attaquer, on tint un conseil en Angleterre où il y eust plusieurs advis.

Le premier fut[3] qu'il la falloit secourir à quelque prix que ce fust, la conservation mesme en estant plus importante au roy d'Angleterre que celle d'Irlande, parce que se disant roy de France, ce luy estoit une entrée[4] pour poursuivre quelque jour ses prétentions; parce que c'estoit un party qui ne luy coustoit rien, qui lui estoit acquis contre le roy d'Espagne et qui rendoit la France inutile[5] contre luy.

D'autres opinèrent qu'il estoit perilleux de soustenir publiquement des rebelles contre leur prince, le roy d'Angleterre estant à la veille de voir de semblables[6] rebeillions dans ses Estats; que si soubz main on les pouvoit assister et par[7] des moyens obliques, estoit bon de le tenter.

D'autres, qu'on ne le pouvoit entreprendre qu'ouvertement, parce que si on y alloit foible, on seroit battu, et que si on[8] alloit fort, il estoit à craindre que le Roy[9] ne fut réduit[10] à faire la paix en Italie et que cela rendroit le dessein de leur flotte inutile.

[1] «Les grandes négociations ne doivent «pas avoir un seul moment d'intermission; «il faut poursuivre ce qu'on entreprend avec «une perpétuelle suite de desseins, en sorte «qu'on ne cesse jamais d'agir que par raison «et non par relâche d'esprit, par indifférence «des choses, vacillation de pensées et par ré«solution contraire.» (*Test. pol.*, t. II, p. 38.)

[2] Le mot *Rochelle* est de la main de Charpentier; le texte, de la main du copiste ordinaire, sauf les trois premières lignes qui sont écrites de la main de Le Masle.

[3] Le mot *fut* manque dans la copie.

[4] La copie met *porte*.

[5] Ce mot est écrit d'une autre main qui semble être celle de Le Masle.

[6] La copie intercale les mots *divisions et*.

[7] Le mot *par* ajouté de la même main que plus haut.

[8] La copie intercale le mot *y*.

[9] Les mots *le Roy* de la même main que plus haut.

[10] La copie met *contrainct de*.

Sur quoy rien ne fut arresté quand au fondz, mais seulement qu'on essaieroit d'en divertir par remonstrances et menaces[1].

CXXXVIII.

Rien n'empesche la pluspart des ministres d'estre pour le roy que deux choses : l'une, que les synodes les jugent[2] souverainement sans appel; l'autre, qu'ils reçoivent l'argent du Roy par l'ordre des synodes et non par celuy du Roy.

Remède : Que les Chambres de l'Édict reçoivent les appels des synodes. Il y en a deux formez à Béziers. Il faut escrire à M. de Caminade de les recevoir.

Le deuxième remède est sur prétextes des mouvements présents, de faire différer cette année le payement de la subvention accordée par le Roy aux ministres, et à la fin de l'année en faire faire le payement, non indifféremment à tous ministres, mais à ceux seulement qui auront bien servi le roy, et ce, par ordre de Sa Majesté. Ce qui se peult sans troubler l'Édict, veu que ce n'en est poinct une des conditions.

Plusieurs ministres destinent un livre portant qu'on ne peut prendre les armes contre son Roy. Fault à ceux-là lettres d'agréement et payement de leurs gages et subventions par advance[3].

[1] Ce fragment doit se rapporter aux derniers mois de l'année 1625, ou au début de 1626, alors que la paix d'Italie, c'est-à-dire de la Valteline, n'était pas encore faite, pas plus que celle des Huguenots (février 1626). On voit que Richelieu était bien renseigné sur ce qui se discutait dans le Conseil d'Angleterre. On sait d'ailleurs par les *Mémoires de Tillières* et par la correspondance des ambassadeurs en Angleterre qu'il avait plusieurs pensionnés en cette cour. Cfr. *Mémoires de Richelieu*, t. II, p. 517.

[2] La copie remplace *les jugent* par *agissent.*

[3] Ce fragment se rattache au projet que caressa longtemps le cardinal de Richelieu de réunir peu à peu les réformés à la religion catholique en leur faisant des concessions spirituelles et temporelles qui n'engageassent ni le fond des croyances, ni la sécurité de l'État. Tabaraud, qui a écrit une *Histoire des projets formés pour la réunion des communions chrétiennes* (Paris, 1824, in-8°), dit du cardinal de Richelieu : «Il étoit convenu de n'agir dans cette affaire que par «des voies de douceur et de n'y employer «que des moyens de persuasion, *soutenus «par des promesses de récompenses pour ceux «des ministres dont la docilité se prèteroit le «plus facilement aux vues du gouvernement.* «Le roi avoit déja assigné des fonds consi«dérables pour faire des pensions et adressé

CXXXIX[1].

C'est, disoit le consul Fronto, une grande pitié de vivre soubz un prince qui ne veult rien remettre de la rigueur du droict. Mais elle est encore plus grande de demeurer au pays d'un autre, soubz lequel toutes choses sont loisibles, et qui, par une pusillanimité ou nonchalance, pardonne sans aucune discrétion toutes les choses qui s'y font contre la loy et raison[2].

CXL.

Aux esmotions populaires, les choses feintes soubz des belles paroles sont volontiers tenues pour vrayes.

CXLI[3].

Un roy qui a faict deux partis en son royaume se tenant à l'un plus qu'à l'autre a esté enfin la proye de l'un des deux[4].

CXLII.

Plusieurs choses sont défendues, qui tiennent tousjours quand elles sont faictes.

«des ordres aux intendants des provinces «pour surveiller l'exécution des mesures «propres à procurer le succès de la négocia«tion.» (P. 199.) On voit que notre fragment s'accorde bien avec le récit de l'historien. Il faut aussi sur cette matière consulter le Dictionnaire de Bayle à l'article *Amyraux*.

[1] De la main du copiste ordinaire. Le paragraphe est barré, et en marge le mot *Testament* et les signes Φ ✠. La copie porte en marge ce titre : «Trop d'indulgence «plus dangereux en l'État que trop de sé«vérité.»

[2] Voy. Mémoire de 1629 (t. IV, p. 267). Des idées analogues s'y trouvent développées. Voici le passage du *Testament politique* : «Si les anciens ont estimé qu'il étoit dange«reux de vivre sous un prince qui ne veut «rien remettre de la rigueur du droit, ils ont «aussi remarqué qu'il l'étoit encore davan«tage de vivre dans un État où l'impunité «ouvre la porte à toutes sortes de licences.» (Part. II, ch. v, t. II, p. 24.) — L'apophthegme du consul Fronto, cité ou paraphrasé dans ces divers passages de l'œuvre de Richelieu, nous a été transmis par l'abréviateur de Dion Cassius. (Voy. Xiphil. in Nerva, et Bayle, *Dictionnaire critique*, t. II, p. 514, n. E.)

[3] Ce paragraphe manque dans la copie.

[4] Est-ce de Henri III qu'il s'agit? Comparer le fragment n° XIX.

CXLIII.

L'ignorance a cela de malheureux qu'elle est presque tousjours criminelle, et que mesme les occasions de la vertu la portent ordinairement dans le vice.

CXLIV[1].

La retraite des flotes holandoises qui estoient tant es isles de Ré (*il manque quelques mots, probablement* « qu'à Portsmouth ») justifie au Roy quels sont les hérétiques pour luy, et comme, quelque traicté et alliance qu'ils ayent, ils ne les gardent pas qu'en temps qu'elles sont à leur proffit.

Si la paix n'est point interrompue cet accident n'est pas mauvais, puisqu'il justifiera combien la paix estoit nécessaire. Et ayant grand subjet de plainte des Holandois, donnera lieu de ne s'embarquer avec eux que jusques où vos affaires le requèreront.

En matière d'affaires d'Estat, lorsqu'il arrive un mauvais accident, il fault regarder le remède qu'on y peult apporter et le bien que d'ailleurs on en peult tirer, n'y en ayant point de si mauvais dont on ne puisse tirer quelque proffit[1].

[1] La première partie de ce paragraphe manque dans la copie.

Ce fragment se rapporte à un fait qui se passa sur la fin de l'année 1625. Les Hollandais, en vertu des traités d'alliance avec la couronne de France, avaient été requis d'envoyer des vaisseaux au secours de l'expédition dirigée contre Soubise et les Rochelois révoltés. Ils avaient ainsi, bien malgré eux, contribué à la défaite de leurs *frères* et de leurs coreligionnaires. Quelque temps après sa défaite à Ré, Soubise s'était réfugié sur les côtes de l'Angleterre. Il était bloqué dans le port de Portsmouth par une flotte composée de vaisseaux français et hollandais. Une partie de la flotte hollandaise était restée à Ré. Or les intrigues de Buckingham près des États-généraux, avec lesquels il venait de conclure le traité de Hague (29 novembre 1625), déterminèrent les Hollandais à retirer au roi de France l'appui de leurs vaisseaux. C'est ce qu'ils firent, et les protestations de Richelieu arrivèrent trop tard pour qu'on pût empêcher la levée du blocus de Soubise à Portsmouth. (Voy. *Mémoires*, t. II, p. 507 et suiv.) C'est à ces différents faits que le fragment ci-dessus fait allusion. Richelieu garda rancune aux Hollandais de cette conduite déloyale. Il en prit occasion de hâter la paix dont il est parlé dans ce fragment, c'est-à-dire la paix d'Espagne. Quelques mois plus tard, il écrivait

CXLV[1].

Il est dangereux de donner accès près[2] du Roy à des personnes qui veulent mal, parce que ce qui n'est pas capable de le persuader, ne laisse pas de faire impression en[3] son esprit, et qu'auprès de luy le procès se juge plus tost par nombre de tesmoings que par le poids des accusations.

CXLVI[4].

Les imprudents sont capables d'entreprendre beaucoup d'actions avec violence; mais leur retour est tousiours lasche.

CXLVII[5].

Le dernier point de fidélité auquel un bon serviteur peult atteindre est de servir au goust de son Maistre, au hazard de fascher ceux qui ont plus de faveur auprès de luy.

CXLVIII.

« Messieurs, les grandes affaires que j'ay entreprises pour le bien de « cet Estat, la gloire de cette coronne sont le seul et vray subjet de « mon voiage en ce lieu. M. le chancelier vous les fera entendre plus « particulièrement, ainsi que je luy ay commendé[6]. »

encore (février 1626) : « Il faut tirer hautement raison de l'injure receue des Hollandois, sans toutesfois rompre avec eux, « puisque le Roy n'a alliance et confédération avec ces Estatz que pour l'amour « de luy, s'en servant pour faire teste à ses « ennemys et les occuper, en sorte qu'ils ne « puissent faire dessein sur la France. » (Avenel, II, p. 194.)

[1] En marge de ce paragraphe on lit : *Personnes et Pisieux*. Le paragraphe est barré. Le mot *Pisieux* indique que ce fragment vise l'ancien ministre Puisieux, un des prédécesseurs de Richelieu aux affaires.

[2] La copie porte *auprès*.

[3] La copie porte *sur*.

[4] En marge une croix : ✠.

[5] Ce paragraphe est barré; en marge : *Conseil* et les signes ✠ *e*.

[6] Ces paroles semblent être un premier projet de celles que le Roi devait dire à l'ouverture des États de Bretagne (11 juillet 1626). Mais elles ne sont pas tout à fait identiques à celles qui sont publiées

CXLIX[1].

Aux Estatz ou il y a de grandes affaires, on est contraint, pour le bien public, de choquer si souvent les Communautez, qu'il est bon de les contenter en choses moins importantes.

CL.

Il est non seulement impossible de porter une communauté à désirer son bien, mais qui plus est, tres difficile de les porter à tolléreer qu'on leur[2] procure leur bien, la raison est que dans une communauté le nombre des folz est plus grand que celuy des sages, et comme dit Senèque, les esprits ne sont pas si bien disposez que les meilleures choses plaisent à la plus grande part[3].

CLI.

Le cardinal Ximenes estimoit chose pernicieuse quand le peuple qui a quelque occasion, prend la hardiesse de faire ses plaintes publiquement. D'autant que dès qu'il a perdu le respect à son supérieur, il n'a

dans le *Mercure François* (t. XII, p. 341). Peut-être, au dernier moment, Richelieu a-t-il jugé à propos de modifier la première rédaction que nous publions ici. Cfr. *Mémoires de Richelieu*, t. III, p. 91. On y voit que le Roi prononça *quelques paroles*, mais elles ne sont pas rapportées.

[1] De la main du copiste. Les deux premiers paragraphes sont barrés. En marge : *Testament* et les signes Φ ✝.

[2] Le mot *leur* manque dans la copie.

[3] Les mêmes idées se trouvent exprimées dans des termes analogues dans le *Testament politique* :

« Comme il ne faut rien souffrir de ces « grandes compagnies (les cours de justice), « qui puisse blesser l'autorité souveraine, « c'est prudence de tolérer quelques-uns de « leurs défauts en un autre genre. Il faut « compatir aux imperfections d'un corps qui, « ayant plusieurs têtes, ne peut avoir un « même esprit, et qui étant agité d'autant « de divers mouvements qu'il est composé « de différents sujets, ne peut souvent être « porté ni à connoître ni à souffrir son propre « bien. Il n'y a personne qui ne doive im- « prouver leur procédé quand ils sont em- « portés par quelques dérèglements ; mais « en le condamnant avec raison, il est diffi- « cile d'y trouver remède, parce que dans « les grandes compagnies le nombre des « mauvais surpasse toujours celui des bons « et que, quand ils seroient tous sages, ce ne « seroit pas encore une chose sûre que les « meilleurs sentiments se trouvassent en la « plus grande partie. » (*Test. pol.*, I, p. 219.)

plus aucune bride ny retenue; et sont creues et receues aisément les querelles populaires par ceux qui ont envie de troubler l'Estat, dont le nombre est tousjours frequent es grands Royaumes[1].

CLII.

Angleterre[2]. — Les Anglois menassent la France, mais quand elle se voudroit perdre, ils ne seroient pas capables de la gangner, n'aiant ni hommes pour faire une entreprise, ni argent pour la soutenir, ni conduitte, ni fermeté pour faire succéder un dessein[3].

L'Angleterre ne scauroit se passer de la France à cause des vins, huilles et des sels; et la France ne tire d'eux que des draps, de l'estein et du fer dont on se peut bien passer si on veut. Si le Roy est fort à la mer, il n'a que faire des Anglois.

CLIII.

Acte de reception de la paix par la ville de la Rochelle[4]. — Les Maire, échevins, paires, bourgeois et habitans de la ville de la Rochelle, apres avoir veu l'acte de la paix et articles accordez à ladite ville, signez tant des députez généraulx que particuliers des Eglises réformées qui se sont trouvez à la cour en datte du Vme febvrier dernier; ensemble les cahiers généraulx et particuliers d'icelle ville res-

[1] Les historiens de Ximénès racontent, en effet, qu'après avoir châtié rigoureusement les révoltes populaires suscitées par les grands à Valladolid, en Navarre, à Malacca, etc., Ximénès écrivit à Charles en le priant de faire châtier l'amiral: «L'obéissance que les sujets doivent au souverain «est une chose bien fragile si elle n'est «maintenue par le respect de la crainte: «dans tous les États, et principalement en «Espagne, la discipline ne s'entretient que «par le respect et la crainte.» (Gomez, cité dans Michel Baudier, *Histoire du cardinal Ximénès*, édition de 1851, in-8°, p. 316.)

[2] Le mot *Angleterre* est de la main de Charpentier. Le reste de la page, de la main de Le Masle.

[3] Ces paroles ont été écrites en 1627, avant l'intervention des Anglais à la Rochelle.

[4] Le titre de la main d'un secrétaire.

La copie ne donne que le titre. — Cet acte est écrit de la main du copiste. Il est publié, avec quelques changements seulement, dans le *Mercure François* (a° 1626, t. XI, fol. 123).

ponduz au conseil du Roy le XXVIme juillet et VIIme fevrier[1] dernier, déclaration de Sa Majesté en forme d'edict du susdit mois de fevrier et autres pieces à eux presentez par les s^{rs} Maniald, du Candal et Malleray, et sur ce ouy lesditz sieurs, ont, conjointement avec Monsieur le comte de La Val y assistant, Monsieur de Loudrières et autres seigneurs et gentilzhommes, receu par un consentement unanime et aplaudissement universel, avec l'honneur et respect, les conditions de la paix qu'il a pleu à Sa Majesté de leur accorder, comme un insigne tesmoignage de sa clémence, approuvans et ratiffians ce qui a esté sur ce faict et signé par les susdictz députés générauls et particuliers. Osans néantmoings se promettre de la bonté de Sa Majesté, qu'ils pourront cy apres, par leur inviolable fidélité, obtenir l'execution de ses promesses royalles en la démolition du fort de la Mothe, pres ladite ville, et liberté de l'isle de Ré, ce qui leur sera une plus forte obligation pour employer leurs biens et vyes en l'exécution de tous les devoirs, services et obeissances que Sa Majesté voudra tirer d'eux comme de ses tres humbles, tres fidelles et tres obéissants subjects. Faict de délibéré et arresté au Conseil et assemblée générallc tenues en la maison commune et eschevinage de ladite ville de La Rochelle, le VIe mars M. CI^{C}. XXVI; signé : David, maire et cappitaine de la ville de La Rochelle, et Manigault, secrétaire du Conseil de ladictte ville; et scellée du seau d'icelle.

CLIV[2].

Response faite par le Roy a l'ambassadeur d'Espagne touchant le Traitté

[1] Il y a : *le 16 juillet et le 5 février*, dans le texte du *Mercure François*.

[2] De la main de Charpentier. Barré. En tête, la mention : *Employé*. En marge du second paragraphe, il y a un *a*. — Ces paroles ont été adressées par le Roi à l'ambassadeur d'Espagne, après que l'ambassadeur français du Fargis eut signé, pour la seconde fois, un traité de paix que la Cour n'approuva pas (1626). Ce texte a été reproduit fréquemment, en particulier dans les *Mémoires de Richelieu*, comme l'indique le mot *Employé* (voy. *Mémoires*, t. III, p. 27), et aussi dans l'*Histoire du Ministère du cardinal de Richelieu*, par Vialart (éd. in-fol., p. 137), historien qui a travaillé sur des Mémoires qui lui étaient fournis par le Ministre. Il est digne de remarque que, dans ces deux reproductions des mêmes paroles, et par conséquent dans tous les récits des historiens qui les ont ré-

FAIT PAR LE S^r DE FARGIS. — Plust à Dieu que Fargis fust aussi habile homme, que vous vous estes fort sage, et c'est un fol parfait.

La première fois il a fait une chose de sa teste sans mon sceu ; la deuxième il n'a pas suivy mes ordres ; je le chastieray exemplairement. Cependant le profit que nous tirons de sa folie, le Roy mon frère et moy, est que nous cognoissons bien tous deux qu'il n'y a plus d'aigreur en nos esprits, que nous voulons bien la paix.

Et afin de vous le tesmoigner par effet, bien que je ne puisse recevoir le Traitté qu'a fait Fargis, j'en renvoieray un en Espagne, signé de moy, où j'apporteray le moindre changement que je pourray. Mais comme j'adjousteray le moins qu'il me sera possible, ce sera à mon frère le Roy, vostre maistre, de n'en faire aucune difficulté.

Monsieur l'ambassadeur, je ne m'esloigne pas de penser de grandes choses avec le Roy [1] mon frère.

La Reyne Mère du Roy a parlé conformément [2].

CLV.

M. de Chevreuse a dist [3] que le marquis d'Effiat avoit esté mis dans les finances en dépit du Roy, par la suasion [4] du Cardinal ; que le Roy avoit presté l'oreille tres volontiers lorsque le Mareschal lui donnoit à dos [5].

pétées, les deux dernières phrases du fragment que nous donnons ici manquent. Pourtant, celle qui fait espérer à l'ambassadeur d'Espagne qu'une sorte de communauté de vues et d'entreprises va désormais régner entre les deux cours est bien importante. C'était encore une habileté du Cardinal. Mais en présence de l'évidence contraire des faits postérieurs, il n'a pas jugé à propos d'en laisser le souvenir à la postérité.

[1] Les mots *le Roy* manquent dans la copie.

[2] Cette phrase manque dans la copie.

[3] Ces cinq mots de la main du Cardinal. Le reste de la main du copiste. — [4] La copie met *persuasion*.

[5] Les mots *à dos* manquent dans la copie. — Ce fragment et les suivants se rapportent à une époque où, comme le dit Richelieu lui-même, *universellement tout le monde crioit cabale* (*Mémoires*, III, p. 50). C'est la première des tentatives faites par les grands et les courtisans impatients du repos, pour bouleverser le royaume à la faveur des prétentions de Monsieur. L'arrestation d'Ornano (4 mai 1626) et la condamnation de Châlais furent les principaux épisodes de cette crise.

CLVI.

Response de Blinville[1]. — Qu'il ne falloit point se lasser ni rebuter quoy que le dit Fiat[2] fust entré en charge; au contraire, que le change estant[3] d'autant plus emple pour trouver de quoy persuader le Roy, mais qu'il falloit y proceder avec adresse, le naturel de Sa Majesté estant tel, qu'il estoit facile d'y faire impression en hazardant premièrement, par quelques jours différens, quelques discours de légère importance, qui mesmes quand ils seroient raportés seroient capables de causer du refroidissement, mais non une querelle, et si l'on rencontroit que le Roy eust gardé le secret en ces [choses[4]] qu'alors l'on pou-

Toutes ces affaires, mêlées aux difficultés de la paix avec l'Espagne et de l'apaisement momentané de la révolte des Huguenots, troublaient étrangement Richelieu. Nous avons ici des traces de ses préoccupations. Ses *Mémoires* nous en ont conservé d'autres non moins importantes (voy. liv. XVII, édition Petitot, t. III). Pour résister mieux aux attaques très diverses que lui portait la coalition bigarrée faite contre lui, Richelieu s'était, au lendemain de l'arrestation d'Ornano, fait adjoindre, dans le conseil, Marillac comme garde des sceaux, et d'Effiat comme surintendant des finances. Il convient de rapprocher du fragment que nous publions notre *Appendice*, n° 3. — Ce sont là de ces notes dans le genre de celles qui ont été réunies en grand nombre dans le *Journal de M. le cardinal de Richelieu*, publié peu de temps après la mort de celui-ci. Il prenait soin, comme le fait remarquer M. Avenel (t. II, p. 313, note), de corriger, souvent de sa main, ces rapports verbaux qu'on lui faisait de toutes parts, et dont l'ensemble (tant faux que vrai) lui révélait les sentiments et les manœuvres de ses ennemis.

[1] Le copiste avait mis : *Réponse de B.* C'est une autre main qui a terminé le mot *Blinville.*

Jean de Varignées, seigneur de Blainville, conseiller d'État, premier gentilhomme de la Chambre, né vers 1581, mort en 1628. Il avait été des amis du maréchal d'Ancre, devint ensuite de ceux de Luynes, fut même chargé par celui-ci (en 1620) de traiter avec Richelieu dans des négociations qui s'engagèrent entre le favori et la reine mère. Il resta uni, du moins en apparence, avec Richelieu lorsque celui-ci arriva au pouvoir, et il fut envoyé en Angleterre (en 1625) pour se plaindre que l'on violât les articles du contrat de mariage de Henriette-Marie de France, femme de Charles Ier. Il réussit mal dans cette ambassade. Richelieu parle de lui très sévèrement dans ses Mémoires. Il tomba dans la disgrâce, et la *liste* publiée dans le *Journal de Richelieu* le compte parmi les *emprisonnéz* (p. 266).

[2] La copie met *d'Effiat.*

[3] La copie met *étoit.* Il faut comprendre : «que le change (c'est-à-dire le changement «de ministres) ouvrait d'autant plus le chemin à persuader le roi.»

[4] Le mot a été sauté par le copiste qui

voit pousser le dit d'Effiat ou quelque autre que ce puisse estre, avec indubitable assurance qu'en quatre jours la personne poussée seroit abattue.

Que le favory[1] estoit tellement bon amy qu'il se laissoit emporter trop[2] avant, comme il avoit paru en l'affaire de la fonteine, mais qu'on le laissât faire et qu'il tempéreroit bien ces ardeurs immodérées y ayant acquis telle créance qu'il pouvoit répondre de luy comme de soy-mesme.

Et véritablement les louanges de ce pédagogue sont tousjours en la bouche dudit favory qui ne sont pas un leger indice de l'affection réciproque de ce docteur des Cabinetz.

CLVII.

Lopes est revenu vers les Huguenotz[3].
Dessin d'Espagne de renvier[4] les Huguenotz.
Hayne contre la reyne[5] extraordinaire.

n'a pas pu le lire probablement sur l'original de la main du Cardinal. Richelieu aimait à écrire lui-même ces sortes de rapports. La copie porte le mot *choses* que nous introduisons dans le texte.

[1] Le favori désigné ici est Baradas qui, à cette époque, en effet, trempait dans toutes les intrigues contre Richelieu et qui ne tarda pas à succomber. On peut voir d'autres détails sur l'entente de Blainville et de Baradas dans les *Mémoires de Richelieu* (t. III, p. 223-228).

[2] La copie met *bien*.

[3] Ce sont ici des notes que Richelieu écrivait pour mémoire et dans lesquelles il consignait les renseignements qui lui venaient de diverses sources et qui pouvaient l'éclairer pour la conduite des affaires. Peut-être ceux que nous publions ici et qui sont relatifs à la Cour d'Espagne, lui étaient-ils fournis par «cet homme qui donnoit d'ordinaire des «avis d'Espagne» dont il parle dans ses Mémoires (t. III, p. 51), et c'était probablement ce Lopez dont le nom est prononcé en tête de l'article. C'était, si nous ne faisons une confusion, un Morisque Espagnol venu en France du temps de Henri IV, et qui, par son habileté sur les matières d'argent et dans les achats de pierres précieuses, s'était fait une sorte de situation à la Cour. Richelieu l'employa quelquefois dans des affaires assez importantes; pourtant il semble que ce Lopez jouait un double jeu et avait conservé des rapports avec la cour d'Espagne. Tallemant le dit dans la petite note qu'il a consacrée à ce personnage (Éd. de 1865, Techener. t. II, p. 43).

[4] C'est-à-dire de les rendre de nouveau irrités.

[5] C'est-à-dire contre Marie de Médicis.

Dessin de faire parler contre elle au roy, en audience publique, mais bien plus[1] par voye secrette de confesseurs et tous autres; que la reyne mère traitte mal la reine[2] en[3] honneur; qu'ils en auront raison.

Dessin de ruiner le Cardinal, disant qu'il porte à la guerre contre l'Espagne pour ses fins; que le roy ne sera jamais bien servi tant que le Cardinal sera en son Conseil, qu'il porte les Huguenotz; qu'il n'est point prince de l'Église[4].

Ilz[5] désirent la paix, au moins Olivarez[6] pour ses interetz, la guerre le perdant à cause des grandz princes qui prendront pied, le roy ayant besoin d'eux.

Division entre Olivarez et son nepveu[7]; Olivarez porte la reyne[8] pour s'en servir contre son nepveu, jeune homme vertueux, sans expérience.

Olivarez hay des peuples, des grands et de tout le monde.

Olivarez absolu; le roy luy fait de grands biens; est dans les débauches du roy qui en a esté malade.

Le roy amoureux d'une femme qu'Olivarez craint; le roy n'ose se déclarer[9].

Le roy couche deux ou trois fois la semaine avec la reyne; se

[1] La copie met *plustot*.

[2] C'est ici Anne d'Autriche.

[3] La copie intercale *son*.

[4] Dans un pamphlet intitulé : *Questions quolibétiques* et que les catholiques zélés firent paraître vers cette époque, on accusait en effet Richelieu de protéger l'hérésie et on l'appelait ironiquement *le cardinal de la Rochelle*. (Cité dans les *Mémoires de Richelieu*, édit. Petitot, t. III, p. 16.)

[5] C'est-à-dire : les Espagnols désirent la paix. La copie met : *les Espagnols*.

[6] Gasp. Gusman, comte d'Olivarès, gouverna l'Espagne pendant vingt-deux ans sous le règne de Philippe IV. L'histoire de son ministère et de sa chute est trop connue pour qu'il y ait lieu d'insister ici. Il mourut en 1643, ayant eu ce malheur de rencontrer pour adversaire constant un homme tel que le cardinal de Richelieu.

[7] Le neveu d'Olivarès ici désigné est probablement don Luiz de Haro, le fils de sa sœur, qui, comme on sait, lui succéda dans la faveur du roi d'Espagne. Il était encore jeune à cette époque, étant né en 1598. Cette phrase de Richelieu démentirait l'affirmation de quelques historiens qui prétendent que l'oncle et le neveu avaient une grande affection l'un pour l'autre. On sait que le neveu succéda à l'oncle dans la faveur du roi et dans le premier ministère.

[8] La reine d'Espagne était à cette époque Élisabeth de France, sœur de Louis XIII.

[9] Ce paragraphe manque dans la copie.

pleignent de ce qu'ils croyent que le roy couche peu souvent avec la reyne[1].

Que le roy ne veut point de guerre avec eux; qu'il hait les Huguenots, les poursuivroit par son inclination.

Affectent de montrer le grand amour du roy d'Espagne envers la reyne sa seur[2], quoy qu'auparavant il fist le contraire et se hayssent dès l'enfance. Le comte[3] a dit à M. du Fargis que le roy mettroit son sang pour sa seur.

L'Infant Carle est honnestement prisonnier, n'oseroit sortir sans congé, n'a aucun domestique autre que ceux du roy.

M. de Fargis a envoyé deposition de deux libraires contre Drevet et d'un homme de chez l'ambassadeur de Savoye qui, depuis, a esté poignardé par un page retiré chez l'ambassadeur de Gennes[4].

Qu'ils donnent force argent en France.

Qu'ils sont bien advertis de tout ce qui se faict; qu'ilz ont intelligence avec des personnes qui ont habitude dans le Conseil.

Que le Cardinal a faict relascher Beaufort prisonnier[5], quand il a

[1] La copie indique en marge que dans la première partie de ce paragraphe, *le Roi* désigne le roi d'Espagne : c'est la suite de l'idée précédente; tandis que dans la seconde phrase *le Roi* désigne le roi de France, Louis XIII. Les Espagnols, en effet, se plaignaient beaucoup de la froideur de Louis XIII à l'égard d'Anne d'Autriche. Cette question tout à fait intime passa plusieurs fois au rang d'une affaire d'État. La diplomatie intervint même pour régler les épanchements du royal ménage. M. A. Baschet a tiré de ce sujet un peu scabreux un livre des plus curieux : *Le Roi chez la Reine* (Paris, Plon, 1866), qui d'ailleurs ne s'étend que jusqu'en 1619.

[2] C'est-à-dire Anne d'Autriche.

[3] Ce mot désigne Olivarès.

[4] Ces dénonciations ne furent pas perdues pour Richelieu. Le sieur Drevet dont il est ici question fut convaincu d'être pensionnaire d'Espagne. Il avoua qu'il avait été envoyé à Milan, près du connétable de Lesdiguières, qui, ajoutait-il, était lui-même pensionné par la cour d'Espagne. Richelieu prit soin de noter lui-même les aveux de cet homme en remarquant «qu'ils étaient pressants contre le connétable!» Celui-ci mourut quelque temps après, peut-être à temps pour échapper à une accusation redoutable. Voir la pièce qu'a donnée M. Avenel, d'après la minute de la main du Cardinal qui est aux archives du Ministère des affaires étrangères (t. XLI, fol. 294); — *Corresp. de Richelieu* (t. II, p. 313).

[5] Je ne sais quel est ce Beaufort, à moins que ce ne soit ce gentilhomme des Cévennes, gouverneur de Pamiers, qui fut décapité en

sçu qu'il estoit ennemy d'Olivarez; qu'ils s'en vengeront; qu'ils ne pleignoient pas cent mil escus pour faire un coup pour leurs dessins. Qu'ils n'en veulent qu'à moy; qu'ils font gloire en Espagne de quoy l'ambassadeur d'Espagne ne me voit point.

Que Fargis accommoderoit si l'on vouloit le Cardinal avec Olivarez; à quoy on a repondu que non; estimant leurs malédictions à bénédictions[1].

Veulent donner jalousie de la reine sa mère, et de Monsieur son frère au roy.

Depuis M. .....[2] m'a dit, par grand secret, que les Espagnolz disoient qu'ils voudroient que le C. fut pendu[3].

CLVIII[4].

Il arrive une tempeste contre les Jésuites, excitée contre eux, tant par certains livres contenans une dangereuse doctrine contre les roys, que par lassitude que chacun avoit de voir qu'ils se meslassent de trop d'affaires. Les Parlemens firent brusler [le livre de] Santarellus[5]

1628. (Voy. *Journ. de Richelieu*, t. I, p. 274.)

[1] Il ne se passa longtemps avant que Richelieu revînt sur cette décision un peu brusque. Dès le mois de septembre 1627, il écrivait dans des termes tout à fait aimables au Ministre espagnol (voy. Avenel, t. II, p. 619). On trouverait plus d'une fois dans les rapports des deux puissants adversaires les traces de ces égards réciproques, du moins en apparence.

[2] Le nom est en blanc dans le ms.

[3] La copie du Ministère des Affaires étrangères s'arrête ici.

[4] En tête de ce paragraphe, le mot *Employé* est écrit de la main du secrétaire des Mémoires. Le texte barré est de la main du copiste ordinaire.

Ce fragment et le suivant, ainsi que l'indique le mot *Employé* deux fois répété, ont passé dans la rédaction des Mémoires de Richelieu (voy. *Mém.*, t. III, p. 22 et suiv.). Mais les termes dans lesquels Richelieu apprécie la conduite réciproque des Jésuites et du Parlement ne sont pas tout à fait les mêmes que ceux que nous publions ici. On trouvera des détails sur cette affaire notamment dans les *Memorie* de V° Siri (t. VI, p. 120), dans le *Président de Gramont*, lib. XV, et dans les *Mémoires du P. Garasse* publiés par D. Nisard (p. 189 et suiv.). Elle revint sur l'eau l'année suivante, et se termina à l'avantage des Jésuites. — Aux textes que nous venons d'indiquer, il faudra joindre le discours de Richelieu que nous donnons en *Appendice*.

[5] Voici quel est le titre du livre de Sanctarellus dont il est ici question : *Tractatus*

dont il est question, et en outre les vouloient contraindre à soubsigner quatre points qu'ils vouloient qu'ils creussent comme estans de leur croyance.

Ils s'en exemptèrent disant qu'ils les signeroient, si le clergé de France et la Sorbonne faisoient le mesme.

Le Parlement vouloit passer outre. Leurs mouvemens alloient à leur défendre d'enseigner en leurs escoles ou à les chasser mesme de France.

Le Cardinal estima[1] qu'il estoit bon de louer [la cour de] parlement de l'action qu'elle avoit faite en faisant brusler ce livre et empescher que telle pernicieuse doctrine n'eust cours en ce royaume; mais qu'il falloit empescher qu'ils ne passassent jusques à un point qui peust estre aussy préjudiciable au service du roy comme leur action y avoit esté utile. Et la raison de ce conseil aboutissoit à ce, qu'il falloit réduire les Jésuites à un point qu'ils ne puissent nuire par puissance, mais tel aussy qu'ils ne se portent pas à le faire par désespoir; auquel cas il se pourroit trouver mille ames furieuses et endiablées qui, sous le prétexte d'un faux zelle, seroient capables de prendre de mauvaises résolutions qui ne se répriment ny par le feu ny par autres peines[2].

CLIX[3].

ARRÊT DU PARLEMENT SUR L'*ADMONITIO AD REGEM* ET SUR LE LIVRE DE SANTARELLUS. — Ce jour, le procureur général du roy a remonstré à la Cour

de hæresi, schismate, apostasia, sollicitatione in sacramento pœnitentiæ et de potestate Pontificis in his puniendis. (Rome, 1625.)

[1] Il y avait d'abord *j'estimay*. Mais Charpentier a corrigé et a écrit : *Le cardinal estima*. En face de ce paragraphe, il y a la lettre *A*.

[2] En face des dernières lignes de ce fragment il y a la lettre *B*.

[3] Le mot *Employé* est écrit en tête de ce paragraphe, de la main du secrétaire des Mémoires. Le texte est de la main du copiste ordinaire.

Quoique le mot *Employé* se trouve ici, l'arrêt n'a pas été reproduit dans les Mémoires. Mais on le trouve dans le *Mercure françois* (aº 1626, t. XI, p. 92). La rédaction que contient le Mercure diffère un peu de celle que nous donnons d'après notre manuscrit. Nous avons indiqué en note les variantes les plus importantes. (Cfr. *Mémoires du P. Garasse*, p. 200.)

que les députez des prestres et escoliers du collège de Clermont ayans esté ouis en ladite Cour, estoit nécessaire pour le bien du service du Roy, son auctorité royale et droicts de l'Église gallicane y pourvoir, la matière mise en délibération[1] :

La Cour, les Grande Chambre, Tournelle et de l'Édict assemblées, a ordonné et ordonne que le provincial desdicts prestres du colège de Clermont, dans trois jours, assemblera les religieux[2] des trois maisons qu'ils ont en cette ville et leur faira souscrire la censure de la Faculté de Sorbonne de ceste ville, du premier décembre mil six cens vingt cinq du livre intitulé : *Admonitio ad regem*[3], bailleront acte par lequel ilz désadvoueront et détesteront le livre de *Sanctarellus* contenant propositions et maximes scandaleuses et pernicieuses, tendantes à la subversion des Estatz et à induire les subjects des roys et princes souverains d'attenter à leurs personnes sacrées, et en rapporteront acte, huictaine après[4], au greffe d'icelle et auront pareils actes de tous les provinciaux[5] de leur compagnie qui sont en France, portans l'approbation de ladicte censure de Sorbonne et désadveu dudict livre de Sanctarellus, lesquels ilz feront apporter audit greffe au mois ensuivant[6]. Ordonne ladicte Cour que ledict provincial et prestres dudict colège commettront deux d'entre eux pour, au nom de leur compagnie, escrire maximes contraires à celles dudict livre de Sanctarellus, et ce dans ledict temps d'un mois[7]. Autrement et à faute de ce faire

[1] Ces derniers mots ne se trouvent pas dans le texte du Mercure françois.

[2] Il y a *lesdits prestres et escholiers* dans le texte du Mercure françois.

[3] Le livre condamné ici en même temps que celui de Sanctarellus est un libelle qu'on attribua généralement à la compagnie de Jésus et qui est intitulé : *G. G. R. Theologi ad Ludovicum decimum tertium Galliæ et Navarræ regem Christianissimum* ADMONITIO... *quâ breviter et nervose demonstratur Galliam fœdè et turpiter impium fœdus iniisse, et injustum bellum hoc tempore contra catholicos movisse, salvâque Religione prosequi non posse.* Augustæ Francorum anno M.DC.XXV.

[4] Il y a dans le texte du Mercure françois : *trois jours après.*

[5] Il y a en plus dans le texte du Mercure françois : «Recteurs et de six des anciens «de chacun collège» de leur compagnie.

[6] Il y a *deux mois après* dans le texte du Mercure françois.

[7] Voici le texte de cette phrase dans la rédaction du Mercure françois : «Pour et «au nom de leur compagnie, escrire dans la

dans ledict temps, iceluy passé, sera procédé à l'encontre d'eux comme criminelz de lez Majesté et perturbateurs du repos public[1]. Du 22e mars mil six cens vingt six.

CLX[2].

[DÉCLARATION DES JÉSUITES SUR LE LIVRE DE SANCTARELLUS.] — Nous soubsignez déclarons que nous désadvouons et détestons la mauvaise doctrine contenue dans le livre de Sanktarellus en ce qui concerne la personne des roys, leur auctorité et leurs Estatz, et que nous recognoissons que leurs Majestez relèvent indépendement de Dieu, sommes prestz despendre nostre sang et exposer nostre bien[3] en toutes occasions pour la confirmation de ceste vérité, promettons de soubscrire à la censure qui pourra estre faicte de cette pernicieuse doctrine par le Clergé ou la Sorbonne et ne professer jamais opinions ny doctrine contraire à celle qui sera tenue en cette matière par ledit Clergé, Universités du royaume et Sorbonne. Signés : Pierre COTTON, Ignace ARMAND, Charles DE LA TOUR, Jean SOUFFREN, François GARASSUS, François GAUDILLON, Dionisius PETAVIUS, Jean FILLEAU, Jean BROUSSAUT, Estienne GUERRY, Ludovicus MAIRAT, Jacques SIRMOND, Pierre ROUIER, Estienne BONY.

Fait à Paris par les susnommés religieux de la Compagnie de Jésus, le xvje jour de Mars M.DC.XXVI[4].

«huictaine et rapporter au greffe, dans ledit «temps, ledit escrit contenant maximes de «doctrine contraire à celle dudit Sanctarel-«lus.»

[1] Après les mots *repos public* le texte du Mercure françois ajoute : «Et sera le «présent arrest, à la diligence du Procureur «général du roy, signifié au provincial de «cette ville de Paris, à ce qu'il ait à y sa-«tisfaire.» Et la date qui diffère de celle donnée ci-dessus : «Fait en Parlement, ce «dix-septième mars 1626.»

[2] Cette déclaration des Jésuites a déjà été publiée dans le *Mercure françois*, a° 1626, t. XI, p. 92). Les termes sont à peu près les mêmes que ceux ci-dessus. Mais les noms des signataires diffèrent quelque peu. Il y a une copie manuscrite de cette déclaration à la Bibl. nat. (f. fr. 4825, p. 110).

[3] Il y a *vie* dans le texte du Mercure françois.

[4] On remarque parmi les signataires de la déclaration le nom du P. Garasse. Il a fait lui-même dans ses *Mémoires* le récit de

Nos infra scripti Religiosi societatis Jesu in omnibus et per omnia ac si de verbo ad verbum hic inserta essent, subscribimus censuræ Libelli, cui nomen est *Admonitio ad Regem*, quæ facta est a sapientissimis dominis ac magistris nostris Sacræ facultatis theologiæ Parisiensis.

Item, quia in libro Antonii Sanktarelli *de Hæresi, Apostasia et Schismate* inscripto, qui nuper a curia Parlamenti damnatus fuit, pleraque sunt scandalosa, seditiosa, ad subversionem Statuum tendentia ad distrahendos quoque subditos ab obedientia regum, principum supremorumque dominorum, ac eorum Status attingentia, necnon in magnum periculum ac discrimen ipsorummet personas adducentia; propterea, nos illa pariter improbamus, rejicimus, ac damnamus. Lutetiæ, 20 Martii 1626.

CLXI[1].

[Remontrances de la Cour de Parlement au sujet de l'Edit des Duels (février 1626).] — Ladite Cour a aresté et ordonné la vérification du contenu au premier article dudict esdict concernant les abolitions des cas et crimes cy-devant commis contre les esdicts des duels et ren-

toute cette affaire; il a donné un texte de cette pièce, qui n'est pas le même que celui que nous publions. On pourra voir aussi qu'en signant cette pièce les Jésuites firent les réserves mentales sur la violence qu'ils prétendaient leur être imposée : «Tous nos «pères furent d'avis qu'il falloit signer le «désaveu pour éviter les maux qui nous «pourroient arriver *et quia erat timor cadens* «*in constantem virum*. D'autant, dit-il plus «haut, que si les propositions de Santarelly «n'étoient fausses, du moins *elles étoient* «*scandaleuses en cette conjoncture de temps* «*et de lieu*.» Et il ajoute : «Telle fut la ré«solution du casuiste de la maison professe: «que nous pouvions signer, avec cette mo«dification, quand même il y eût quelque «danger en la signature, pourvu qu'on don«nât avis au Pape et au P. général *ex veris* «de tout ce qui s'étoit passé...(P. 221-222.) «Tous donc signèrent *sans intéresser leurs* «*consciences* et protestèrent publiquement «que la proposition qu'ils signoient étoit «véritable *en tel ou tel sens*.» (P. 226.)

[1] Ce sont ici les remontrances de la Cour de Parlement de Paris contre le fameux édit des Duels de février 1626. Richelieu les a analysées et réfutées dans ses Mémoires (t. III, p. 45), ou plutôt il a reproduit là la Consultation qu'il adressa au roi à l'occasion de ces remontrances. L'affaire se termina par «une jussion en vertu de laquelle «l'édit fut vérifié selon sa forme et teneur, le «24 mars 1626.» Le texte de l'édit se trouve dans Isambert (*Recueil des anciennes lois françaises*, t. XVI, p. 175 et suiv.).

contres, à la charge que ceux qui se sont battus et auront tué et sont encores vivants, seront tenus prendre lettres particulières du roy addressantes à ladicte Cour, suivant ledict premier article, portans abolition, et de satisfaire aux parties civilles; et quand aux autres articles, que la Cour ne peut ny doibt les vérifier; et sera le roy tres humblement supplié d'envoyer à ladicte Cour une déclaration conforme aux précédens esdictz des duelz.

CLXII.

Arrest donné par le feu[1] chancelier de Sillery sur l'article du tiers estat[2]. — Le roy en son Conseil, ayant entendu les différends survenus en l'Assemblée des trois Ordres de son royaume, convocquez de présent par son commandement en cette ville, sur un article proposé en la Chambre du Tiers Estat, [et la délibération intervenue en la Cour du

[1] Sillery mourut en 1624.

[2] La pièce que contiennent les papiers de Richelieu et que nous donnons ici est loin d'être inconnue du lecteur (voy. Isambert, *Recueil des anciennes lois françaises*, t. XVI, p. 60). C'est l'arrêt par lequel «fut «évoqué, non au Conseil du roy, mais à sa «propre personne,» le différend qui s'était élevé, lors des États généraux de 1614, entre le tiers état et le clergé au sujet de l'indépendance du pouvoir civil et de la royauté, à l'égard du pouvoir ecclésiastique. Richelieu, alors député du clergé, prit une part active au démêlé. Il l'a exposé tout au long dans ses Mémoires (t. I, p. 227 et suiv.). Le tiers prétendait faire décider par les États, comme loi fondamentale du royaume «qu'il n'y a puissance en terre, «soit spirituelle ou temporelle, qui ait aucun «droit sur son royaume, pour en priver la «personne sacrée de nos Rois, ni dispenser «leurs subjects de l'obéissance qu'ils leur «doivent, pour quelque cause ou prétexte «que ce soit; que tous les bénéficiers, doc«teurs et prédicateurs seroient obligés de «l'enseigner et publier et que l'opinion con«traire seroit tenue de tous pour impie, «détestable et contrevérité, et que s'il se «trouve aucun livre ou discours escrit qui «contienne une doctrine contraire directe«ment ou indirectement, les ecclésiastiques «seroient obligés de l'impugner et contre«dire.» Sur l'opposition très vive du clergé et de la noblesse, l'affaire, comme nous l'avons dit, fut évoquée à la personne du roi. «La couronne, comme dit M. Henri «Martin, se garda d'être trop bien dé«fendue.» Voir l'excellent exposé de cette affaire dans l'*Histoire de France* de cet auteur (t. XII, p. 261).

Si cette pièce se trouve reproduite ici, c'est que Richelieu comptait probablement en faire usage dans l'affaire de Sanctarellus (voy. plus haut), et c'est à ce titre que nous la reproduisons.

Parlement,] sur le mesme subject, le deuxiesme du présent moys; ouy les remonstrances des députez du Clergé et de la Noblesse, Sa Majesté séant en son Conseil, [assistée de] la reyne sa mère, les princes de son sang, autres princes, ducs, pairs, officiers de la coronne et autres de son Conseil présents, pour bonnes et grandes considérations, a evocqué et evocque à sa propre personne lesdicts différends, a sursis et sursoit exécution de tous arrests et délibérations sur ce intervenues, fait tres expresses inhibitions et deffense aux Estats d'entrer en délibération sur ladicte matière et à sa dicte Cour d'en prendre aucune jurisdiction ny cognoissance, ny passer outre à la signature, prononciation, publication et exécution de ce qui a esté délibéré en icelle, le deuxiesme du présent moys.

Fait au Conseil tenu à Paris, le sixiesme janvier 1615.

Signé : DE LOMÉNIE.

APPENDICE.

En appendice au *Recueil de maximes et de fragments politiques*, dont le corps était constitué dès l'époque même de Richelieu, nous avons cru utile de donner au public trois pièces importantes, émanant également de Richelieu, et que nous avons rencontrées dans un autre volume manuscrit de la Bibliothèque nationale. Ces trois pièces sont, par leur rédaction, contemporaines de l'époque où furent écrits nos fragments. Les deux premières, purement politiques, s'appliquent à des faits dont il est fréquemment question dans notre recueil : la négociation de la paix qui devait terminer la guerre de la Valteline, et les discussions relatives au livre de Santarelli. L'opinion de Richelieu sur ces points délicats s'y manifeste dans une forme définitive et solennelle. Ces deux discours, — car ces pièces ont été écrites pour être prononcées en public, — comptent certainement parmi les plus beaux morceaux de l'éloquence politique sous l'ancien régime.

La troisième pièce est aussi un discours, ou plutôt c'est un sermon : un sermon de Richelieu, chose rare, unique jusqu'ici, croyons-nous[1].

Nous avons dit déjà que Richelieu avait débuté à la cour par des succès oratoires. Ses contemporains qui l'entendirent se montrent partagés dans le jugement qu'ils portent sur son éloquence.

Si André Duchesne, Aubery et Silhon[2] le louent sans restriction, d'autres

[1] Après avoir dit un mot de la réputation de Richelieu comme orateur, M. Avenel ajoute : « Il est fort difficile d'avoir aujourd'hui sur ce point une opinion bien justifiée. Quoi qu'il en soit, ce serait une chose extrêmement curieuse que des sermons de Richelieu : nous avons fait tout ce que nous avons pu pour découvrir s'il en existe encore quelqu'un : nous n'avons trouvé aucun indice. » (T. I, p. LIX.) On verra plus loin que nous avons rencontré un autre sermon de Richelieu.

[2] Dans son discours XIV intitulé : « Qu'il importe qu'un ministre d'État soit éloquent, » Silhon dit, en parlant de l'éloquence du cardinal de Richelieu : « Ce seroit chercher

affirment qu'il prêchait mal. Tel est l'avis d'Aubery du Maurier; et Priolo dit, en propres termes, qu'il était «infelix concionator».

On peut s'attendre qu'à une époque où le mauvais goût espagnol occupait encore la prose française, Richelieu, qui succomba souvent à cette fâcheuse influence, n'arriva pas du premier coup à mettre dans les sermons cette simplicité noble et grave qui allait devenir le caractère des grandes œuvres oratoires chrétiennes.

Mais, si bien averti que le lecteur puisse être, nous pensons qu'il éprouvera quelque surprise encore, en mesurant la différence qui sépare le mérite littéraire des deux premiers discours que nous donnons d'abord, de celui du sermon qui vient après eux. Sur le terrain de la politique, Richelieu reste tel que le juge Tallemant des Réaux, «admirable et délicat».

Mais dans la chaire chrétienne il est tout autre. N'ayant ni l'onction de saint François de Sales, ni la chaleur mystique du cardinal de Bérulle, il ne peut, comme ces illustres prédicateurs, ses contemporains, racheter par des qualités personnelles le défaut d'une éducation littéraire insuffisante. A lire ses sermons, on s'aperçoit vite qu'on a affaire à un homme d'action, établi par pure ambition sur un terrain qui n'est pas le sien. Il s'embarrasse dans le fatras dont les prédicateurs goûtés à la cour étaient coutumiers : antithèses outrées, usage fastueux de métaphores sans application et sans grâce, lourdeur qui n'est pas de la majesté, raffinement dans les paroles qui n'est pas de la finesse dans les pensées, amphigouri, pédantisme et sécheresse, tels sont les caractères de ces développements oratoires secs, pénibles et heurtés, qu'on ne lirait pas si l'on ne savait de quelle main ils sont sortis.

Même la lecture pourrait donner l'idée de contester l'attribution que nous en faisons, si (en dehors des preuves de fait que nous exposerons tout à l'heure) on ne se souvenait que c'est dans ce style déplorable que Richelieu a écrit nombre de pages semées dans son œuvre, et en particulier le premier chapitre des *Mémoires*. Le plus souvent, quand Richelieu veut atteindre au style, il s'enfle, se guinde, et il tombe.

Ce n'est que quand il reste dans un domaine qu'il considérait peut-être

de la lumière pour le soleil que d'entreprendre de publier cette divine faculté qui est tous les jours admirée dans le conseil, qui a tant paru dans les assemblées, qui a rendu de si grands services à la France et qui a si souvent fait triompher *par sa bouche et par sa plume les vérités chrétiennes.*» (Silhon, *Ministre d'État*, édit. 1648, t. I, p. 108.)

comme inférieur, littérairement parlant, celui de la simple exposition des affaires et du récit des pensées qui journellement travaillaient son esprit, c'est alors seulement qu'il est lui-même, et qu'il est grand dans la forme comme dans le fond.

Le sermon même que nous publions, et dont l'importance politique n'échappera point au lecteur, offre un exemple de la contradiction que présente le génie littéraire de Richelieu.

En un seul endroit le style s'élève réellement et la phrase prend une allure noble et terrible. C'est au moment où le cardinal premier ministre, tâchant par des paroles de paix d'entretenir l'union dans la famille royale déjà divisée, se tourne tout à coup vers le jeune Gaston d'Orléans et lui enjoint, au nom de Dieu, de respecter son frère, son roi, et de le craindre : « Il vous doit « aimer, respecter et craindre, dit-il en s'adressant au roi, non-seulement « comme son vrai roi, mais comme son vrai père; et il ne peut faire autrement, « sans avoir lieu d'appréhender une seconde descente du grand Dieu sur sa « personne, non en manne comme celle d'aujourd'hui, mais en feu et en ton« nerre. »

Quel effet de telles paroles sortant d'une telle bouche ne devaient-elles pas produire sur l'âme superstitieuse et timorée du jeune homme, qui s'essayait alors à traverser, par de mesquines intrigues, le développement réfléchi des grands projets du ministre!

On le voit, le morceau dont ce passage est tiré n'est pas sans importance politique; il révèle une situation singulière et jusqu'ici non signalée par l'histoire : le cardinal de Richelieu se servait au besoin de sa situation dans l'Église pour peser sur le Roi et sur la famille royale, et il employait les foudres de la religion à la conduite des affaires humaines. C'est à ce titre que nous avons publié ce sermon de préférence à un autre, également de Richelieu, qui se trouve dans le même volume manuscrit. Celui que nous avons laissé et que les curieux pourront aller lire à la Bibliothèque nationale n'offre aucun intérêt politique, et sa valeur littéraire n'est en rien supérieure à celle du premier.

Il nous reste maintenant à fournir les preuves de l'authenticité des trois pièces qui forment notre *Appendice*. Toutes trois font partie d'un manuscrit in-4°, conservé à la Bibliothèque nationale sous le numéro 25,666; ce volume vient de la Bibliothèque de la Sorbonne et du cabinet de Le Masle, secrétaire de Richelieu. Toutes trois sont écrites de la main de Le Masle; toutes trois sont attribuées au cardinal de Richelieu par des formules de ce genre : *ce que le Cardinal a dit* ou *ce que Monseigneur a dit.* L'une de ces mentions est même écrite au dos de la pièce n° 2, de la main d'un autre secrétaire de Richelieu, Céberet. Si ces preuves de l'authenticité, jointes à la lecture des discours eux-mêmes, ne suffisaient pas pour convaincre, il n'y aurait qu'à comparer les deux harangues politiques avec certains passages des *Mémoires.* On verrait qu'elles y sont entrées, l'une et l'autre, par fragments assez importants. Ainsi Richelieu les a reconnues pour siennes. Cette preuve décisive, en ce qui concerne les deux premières pièces, doit s'étendre à la troisième. Elle ne semble pas, il est vrai, avoir été reproduite quelque part dans l'œuvre de Richelieu; mais comme elle se trouve dans les mêmes conditions d'écriture et de conservation que les autres, elle ne peut nullement en être détachée pour l'attribution définitive.

Nous essayerons, dans les notes jointes à ces documents, de déterminer l'époque à laquelle ils ont été écrits, et les circonstances qui en ont motivé la rédaction.

I.

CE QUE LE CARDINAL A DIST DEVANT LE ROY, EN FEBVRIER 1627, SUR LE SUBJECT DE LA CENSURE DE SANTAREL[1].

Il faudroit estre fort mauvais théologien, pour ne cognoistre pas que le Roy ne relève sa coronne et le temporel de son Estat que de Dieu seul. Mais

[1] Ce titre est écrit au dos de la pièce, de la main de Céberet. En tête du discours se trouve cet autre titre incomplet : *Ce que M. dit au Roy en 1627, sur le subjet de Santarel.*

Ces paroles ont été prononcées par le cardinal de Richelieu dans l'assemblée réunie devant le Roi au sujet de la censure de la Sorbonne sur le livre de Sanctarellus. La discussion relative à cette censure partagea le monde ecclésiastique du temps pendant une année entière. Le Parlement et les Richéristes voulaient pousser à l'extrême les rigueurs contre les Jésuites. Par contre le nonce Spada et le parti *catholique* de la Cour désiraient arriver à une intervention du Roi qui fût un acte de complaisance à l'égard de la Cour de Rome. La question théologique se compliquait de questions po-

il faudroit bien l'estre aussy pour ne scavoir pas que le Roy ne peult, ny par l'authorité qu'il a donnée à ses Parlements, ny par celle qui réside en sa personne, ny par le pouvoir que la Sorbonne a du St Siège, faire ou prononcer un article de foy, s'il n'a premièrement esté déclaré tel par l'Église en ses Conciles œcuméniques.

Il n'y a point de docte théologien, de bon subjet, ny d'homme de bien qui puissent ne tenir pas les propositions de Santarelle pour meschantes et abominables. Elles sont téméraires, scandaleuses et excitantes à sédition; elles sont perturbatives du repos des Estats, donnent grande occasion d'envie contre le St Siège, et, qui pis est, sont du tout contraires à la seureté de la personne du Roy, qui nous doit estre mille fois plus chère que nos propres vies.

En cette considération, il est non seulement juste, mais nécessaire d'empescher le cours d'un si pernicieux livre, non seulement en le faisant brusler, ce qui a esté faict très justement et à propos, mais en outre par la voie de l'Église, en le faisant condamner par une censure authentique, seule capable de calmer beaucoup d'esprits.

Le Roy a tousjours eu cette pensée, et Sa Majesté est fidèle tesmoin que

litiques graves, en particulier de celle de la paix de la Valteline.

Le président du Parlement, Le Jay, ayant, dans le sein même de la Faculté de théologie, promis toute aide et protection de la part du Parlement à ceux qui défendraient les droits du royaume, Louis XIII vit dans cet acte un empiètement sur son autorité. Le 2 février, il fit venir au Louvre le premier président de Verdun, le président Le Jay, quelques conseillers, le procureur et les avocats généraux; et là, en présence des cardinaux, de La Rochefoucauld et de Richelieu, du garde des sceaux Marillac, du maréchal de Schomberg et de plusieurs conseillers d'État, il adressa aux membres du Parlement quelques paroles vives, dans lesquelles il leur défendait de s'occuper désormais des affaires de la Sorbonne. (V. Vittorio Siri, *Memorie recondite*, t. VI, p. 248.) Marillac et Richelieu, disent les historiens qui rapportent cette affaire, s'attachèrent seulement à adoucir les propos du Roi.

Ce sont les paroles mêmes que Richelieu prononça en cette circonstance que nous publions ici. Elles n'ont jamais été reproduites à ce que nous croyons. C'est à peine si Vittorio Siri donne un résumé de quelques-uns des arguments qu'elles renferment. On voit que Richelieu avait pris une situation moyenne et toute politique entre les deux partis qui partageaient la Cour et le Clergé au sujet du livre de Sanctarellus. La seule chose qu'il réclame des uns et des autres, et d'un ton qui ne souffre pas de contradiction, c'est la reconnaissance des droits du Roi et des privilèges de sa couronne.

ceux qui ont l'honneur de le servir en ses conseils n'ont jamais eu d'autres sentiments.

Mais on a estimé qu'il falloit parvenir à cette fin par une voie innocente, et non telle qu'elle mist la personne du Roy en plus grand péril que celuy qu'on veult éviter.

Vous scavez, Messieurs, qu'il y a beaucoup d'esprits mélancholiques à qui il importe grandement d'oster tout subjet de penser que le Roy soit mal avec Sa Sainteté, principalement pour un point de doctrine dont la décision appartient à l'Église, parce que l'excès et l'ignorance de leur zèle les fait quelquefois tomber en des passions d'autant plus dangereuses que leur phrénésie les leur représente sainctes.

Je diray encore, et il est vray, que les mescontentements que Sa Sainteté a eu sur ce subjet depuis un an ont fait que l'exécution de la Paix de la Valteline, qui couste tous les mois six ou sept cens mil francs, ne s'est point faite jusques à présent. Puis il sera aisé de juger si ce qu'a fait Sa Majesté en ces occasions n'est pas avantageux, non seulement pour son Estat, mais pour la seureté de sa personne.

Il est nécessaire que les mouvements des Parlements et ceux des subjets particuliers du Roy soient différents, puisque les uns, par leur authorité, doivent s'opposer aux entreprises des autres et les réprimer.

Mais certainement, il est à désirer que les mouvements des Parlements soient semblables et uniformes à ceux du Roy et de son Conseil. Vous direz peult estre, Messieurs, que si vous scaviez les motifs et la raison des conseils du Roy, asseurément vous les suiveriez, mais à cela j'ay à respondre que le maistre du vaisseau ne rend point de raison de la façon avec laquelle il le conduit, qu'il y a des affaires dont le succès ne depend que du secret. Et beaucoup de moyens propres à une fin ne le sont plus lorsqu'ils sont divulguez.

Le Roy attend une censure de Rome qui fera d'autant plus d'effet qu'elle viendra d'une part que beaucoup tiennent partie en cette cause.

Si Sa Majesté ne la reçoit, elle en procurera une en son royaume qui puisse estre soustenue par tout le monde et qui édifie toute la chrestienté au lieu de la diviser.

II.

DISCOURS DE MONSEIGNEUR SUR LA PAIX LORS DE LA VENUE DE M^r LE LÉGAT[1].

Sire,

Ma profession et mon inclination qui me font souhaitter passionnément la paix me doivent[2] rendre suspect en l'affaire dont il s'agit; cependant comme le moindre de vos interests[3] m'est et me sera tousjours plus cher que ma propre vie, je diray franchement ce que je pense pour le bien de cet Estat, et la gloire et la réputation de Vostre Majesté.

Toute guerre doit avoir pour fin une bonne paix, et le but principal que tout monarque desjà establi en un grand Estat doit se proposer, est la félicité de ses subjets, et par conséquent le repos de son royaume.

Partant, Sire, je diray, en un mot, que si la paix se peult faire honorablement, non seulement est-il à propos d'escouter ceux qui en parlent, mais il est expédient de la faire, et Vostre Majesté le doit comme un bon prince.

[1] Ce projet de discours dut être écrit par Richelieu pour être prononcé par lui dans l'assemblée des notables qui eut lieu le 29 septembre 1625. Richelieu lui-même avoit conseillé au Roi de réunir cette assemblée pour délibérer sur les propositions du légat Barberini, au sujet de l'affaire de la Valteline. Le ministre espérait ainsi appuyer sur l'assentiment de la partie la plus éclairée de la nation la conduite qu'il tenait dans cette affaire et le refus qu'il faisait de traiter avec l'Espagne. (Voy. *Mémoires*, t. II, p. 477.)

Nous avons, dans le *Mercure françois* et dans les *Mémoires de Richelieu*, un récit de ce qui se passa dans l'assemblée des notables, et un résumé du discours que Richelieu prononça. Le sens général de ce résumé est le même que celui du texte bien plus étendu que nous donnons ici. Mais le discours prononcé ne dut pas être absolument conforme au premier projet de Richelieu. Dans le délai qui s'écoula entre l'époque de la rédaction et la réunion des notables, la situation était notablement changée. Barberini, désespérant d'obtenir la paix, était parti subitement au grand étonnement de la cour de France. De sorte que l'on eut à délibérer, non plus sur «la venue», mais sur «le partement de M. le Légat».

On consultera avec fruit sur les détails de la mission du Légat : les *Mémoires de Richelieu* (t. II, p. 477-491); *Le Mercure françois* (année 1625, t. XI, p. 856); Vittorio Siri. *Memorie recondite* (t. VI, p. 23 et suiv.); l'abbé Houssaye, *Vie du cardinal de Bérulle* (t. II, p. 50, note).

[2] Il y avait : «doit.»

[3] Il y avait : «comme vos intérêts me sont et me seront. . .»

Mais d'autant que faire une mauvaise paix est préparer une nouvelle guerre, pire que celle qu'on penseroit terminer, c'est avec très grand jugement que Vostre Majesté a désiré qu'on examinast, en cette auguste compagnie, si les conditions proposées par M. le Légat sont telles que vous les puissiez recevoir.

Pour le bien juger, il fault considérer le passé et l'advenir plus que le présent. Au passé, il fault voir quels ont esté les motifs qui ont porté Vostre Majesté à entreprendre les affaires de la Valteline; à l'advenir, quelle en peult estre la suite.

Bien que cette affaire fust commencée[1] longtemps avant que j'eusse l'honneur d'entrer dans vos affaires et que la résolution mesme des armes fust desjà prise, judicieusement, à mon advis, j'en ay remarqué[2] trois principaux[3] : Le 1er[4], la restitution de ce dont les Grisons avoient esté despouillez; le 2e, arrester le cours de la puissance d'Espagne qui jusques ici avoit lieu d'estimer qu'entreprendre et exécuter estoit une mesme chose pour elle; le 3e, la gloire et la réputation que Vostre Majesté acquereroit par une telle action. Gloire, Sire, et reputation qui tire après soy, pour tousjours, l'affermissement de votre[5] auctorité et du repos et de la paix de son Estat; estant certain qu'il n'y a prince, pour puissant qu'il soit, qui ne pense deux fois à attaquer, en ses Estats, un grand Roy qui conserve et protège au loing les autres.

Si on propose à Vostre Majesté la paix aux conditions que je viens de dire, qui aboutissent à ce que les Grisons recouvrent ce qu'ils avoient perdu et que les Espagnols soient exclus du passage qu'ils avoient prétendu, Vostre Majesté la recevra avec gloire et satisfera à l'attente de ses colléguez et à ce qui a esté stipulé avec eux, chose grandement importante, puisque par ce moyen Vostre Majesté s'attirera l'union de plusieurs autres princes.

Si aussy les conditions de la paix sont autres et moindres que celle-ci, je ne diray point si vous la devez prendre, mais bien craindrois-je qu'elle fust jugée peu honorable.

Je le craindrois, Sire, en ce qu'on croiroit peult estre que Vostre Majesté n'auroit pas obtenu ses fins, fins qui sont justes et légitimes, et par conséquent devés [les obtenir] en cette négotiation, outre qu'en passant, je remarque qu'elles ont esté promises plusieurs fois.

[1] Il y avait : «fût entreprise et commencée.»

[2] Il y avait : «je puis dire qu'il y en a eu.»

[3] Il y avait à la suite «scavoir est.»

[4] «Le 1er», «le 2e», «le 3e» sont ajoutés.

[5] Il y avait : «son.»

C'est, Sire, en ce point qu'il fault considérer l'advenir, et bien examiner si une telle paix ne donneroit point audace à vos ennemis d'entreprendre tout ce que bon leur sembleroit contre vous, veu[1] qu'ils ne croiroient trouver pas aucune résistance de durée. Il faut examiner encore si une telle paix n'esloigneroit pas quelques princes de vostre amitié et de vostre alliance, puis[2] qu'ils ne croiroient pas y trouver protection, en ce que ceux dont il s'agit estimeroient que par mancque ou de volonté ou de puissance, ils n'auroient pas receu l'utilité qu'ils en pourroient attendre, ains[3] au contraire auroient esté despouilez par vostre auctorité de ce que vous auriez entrepris de leur faire rendre.

On alléguera volontiers la perfidie dont les Huguenots ont usé en cette occasion; on mettera peult estre en avant les[4] forces que l'Espagne a maintenant sur pied; on considèrera[5] les extraordinaires[6] despenses que cette guerre apportera à Vostre Majesté et mettera-t'on en doute si elle y pourra fournir sans la foule de ses subjets.

A tout cela et aux autres inconvénients qu'on pourroit produire, il seroit aisé de respondre en général, qu'en ce qui regarde les grands Roys et leurs Estats, leur réputation prevault à toute autre considération, puisque la perte d'icelle apporte des suites funestes aux Estats et ne peult estre réparée ny par force d'hommes, ny par abondance[7] d'argent, ny quelque autre voie que ce puisse estre.

Mais[8] venant au particulier, la victoire que Dieu a donnée à Vostre Majesté, et l'offre que messieurs du Clergé font sur ce subjet, dont ils ne pevent estre assez loués, pourvoient suffisamment aux inconvéniens de la rebellion.

Mais[9] venant[10] au particulier, on peult dire[11] que la foiblesse des Huguenots ou le remords de leur conscience les ramène maintenant à leur devoir. Et[12] quand ils seroient si misérables que de persister en leur rebellion, on pourvoit

[1] La phrase qui suit est ajoutée en marge.

[2] Il y avait écrit : «veu qu'ils.»

[3] En marge.

[4] Le mot «grandes» est barré.

[5] «Sans doute» est barré.

[6] Le mot «grandes» est remplacé par «extraordinaires».

[7] Le mot «puissance» était écrit d'abord.

[8] La phrase qui commence par «Mais» a été ajoutée en marge, ce qui explique la répétition de la même formule au début de l'alinéa suivant.

[9] Dans le texte.

[10] «Après» est barré.

[11] «J'ai appris à mon retour» se trouve barré et il se trouve au-dessus : «on peult dire.»

[12] La phrase suivante est en marge.

suffisamment à cet inconvénient par l'offre de messieurs du Clergé, qui ne peuvent estre assez loués de se gouverner comme ilz font en cette occasion.

Quant[1] aux forces d'Espagne, on[2] scait bien que la grande armée que l'Espagne a eu en Italie est maintenant dissipée par les[3] maladies, le mancque de payement et par le malheur commun des grandes armées. La vostre se remet sur pied; dans peu de temps[4] elle sera florissante, et aura les mesmes avantages qu'elle a eu au commencement.

Pour ce qui concerne vos finances[5], ces Messieurs qui en ont l'administration[6] ont fait cognoistre que Vostre Majesté[7] a du fonds pour faire monstres[8] à toutes ses armées sans toucher au courant de l'année qui vient[9] et avoir recours à de nouveaux moyens[10] extraordinaires.

Et[11] quand mesme il faudroit y avoir recours, il n'y a personne raisonnable qui n'advoue que c'est soulager un Estat que luy fère porter quelque charge extraordinaire, quand c'est pour éviter des inconvéniens qui le porteroient à sa ruine certaine, d'autant plus inévitable, que pour n'estre pas présente, elle ne seroit ny cogneue, ny apprehendée des plus grossiers.

Si[12] en venant à la guerre vous avez des incommodités, vos ennemis en auront davantage. Tant d'affaires qu'ils ont sur les bras ne requièrent point qu'ils perdent l'occasion d'estouffer celle-cy raisonnablement.

Ils l'ont entreprise pour usurper, et vous y estes entré pour maintenir vos alliez opprimez; ils se sont couverts du prétexte de la religion, et Vostre Majesté en veult establir les fondements avec autant de solidité que fastueusement[13] ils en recherchent l'apparence.

Partant, Sire, je ne voy aucune considération qui doive contraindre Vostre Majesté de prendre une paix[14] à de mauvaises conditions.

Cependant comme cette affaire est de grande conséquence, le premier advis

[1] Dans le texte.

[2] En marge.

[3] La suite est dans le texte.

[4] Il y avait d'abord : «dans vingt jours.»

[5] Il y avait : «l'argent.»

[6] Il y avait : «qui manient vos finances.»

[7] Ceci est barré : «qu'elle n'a pas lieu d'appréhender cette despense, puisque vous pouvez faire estat de six....» Et il y a au-dessus ce qui suit.

[8] «Asseurées» est barré.

[9] «De cette année» est barré.

[10] Il y avait : «aux moyens...».

[11] Ajouté hors texte.

[12] Le texte reprend.

[13] Ce mot est ajouté.

[14] Il y avait : «si on ne la veult procurer qu'à.»

que j'ay à donner à Vostre Majesté est d'avoir agréable que Mr le Légat soit[1] convié[2] d'en proposer qui puissent[3] compatir à la dignité de Vostre Majesté, affin[4] que toute la chrétienté cognoisse sur qui on devra rejetter la cause des misères et calamités qui accompagnent toute guerre.

L'intérest[5] de la religion l'y doit porter, son honneur particulier l'y convie, la justice l'y oblige, puisque vous ne prétendez rien qui préjudicie à autruy. Il a tousjours bien sceu que Vostre Masjesté ne feroit[6] point la paix autrement. Si nonobstant ces considerations il persiste en ce qui a esté représenté par Mr le Chancelier, je diray franchement à Vostre Majesté qu'en une affaire de telle importance, la résolution définitive doit venir de ses sentiments[7], qui sur tout ce qui luy a esté représenté scaura mieux que personne choisir ce qui sera plus convenable à sa réputation, au bien et à l'avantage de son Estat, et à la conservation de ses alliez.

III.

HARANGUE AU ROY POUR L'EUCHARISTIE PAR MONSEIGNEUR[8].

C'est aujourd'huy, Sire, qu'on peult dire avec vérité que le ciel et la terre se trouvent en mesme temps remplis des plus hautes merveilles que l'esprit hu-

[1] « Encore » est effacé.

[2] Il y avait : « de consentir à. »

[3] Il y a effacé : « des conditions qui puissent. . . »

[4] En marge.

[5] Texte.

[6] Il y avait : « que vous ne consentiriez point à la paix à autres conditions. »

[7] Il y avait : « de Vostre Majesté. »

[8] En prononçant ce sermon, avant de donner la communion au Roi, à la Reine mère et à Gaston, frère du Roi, Richelieu avait pour but, nous l'avons dit, de faire servir l'influence de la religion à l'union de la famille royale et à la tranquillité du royaume. Cette remarque suffit pour permettre de donner à ce discours une date approximative. Il est évidemment antérieur à 1630, puisqu'il y est encore parlé de la Reine mère en fort bons termes. Il doit être contemporain d'une tentative de rébellion de Gaston. Or si l'on considère que les paroles qui sont adressées à celui-ci semblent être choisies en particulier pour frapper de respect et de terreur une imagination encore jeune, on sera amené tout naturellement à la date de 1626, époque de la conspiration de Chalais. Mais ce sermon a été prononcé à l'occasion de la fête de l'Assomption de la Sainte Vierge, c'est-à-dire le 15 août. Quelques jours auparavant (11 août 1626), les juges s'assemblaient pour juger Chalais. Quatre jours après (19 août), Chalais mourait sur l'échafaud. Telles sont les circonstances solennelles auxquelles ce sermon se rapporte. Déjà Gaston d'Orléans s'était ré-

main puisse imaginer, merveilles d'autant plus ravissables que, bien qu'en elles mesmes elles soient différentes et comme opposées en certain sens, il est vray toutes fois qu'elles sont du tout semblables en leur dissemblance.

Dieu attire à cette feste la saincte Vierge au ciel et l'âme de Vostre Majesté, vierge et innocente, attire Dieu en terre.

Dieu reçoit la Vierge pour vivre à jamais en Elle, et Vostre Majesté veult recevoir son Créateur pour vivre éternellement en Luy.

Dieu reçoit là-hault celle qui est sa mère et sa fille tout ensemble, et je voy Vostre Majesté qui n'attend autre chose qu'à recevoir celuy qui, estant son vray père, ne dédaigne point de prendre naissance en son âme.

Dieu élève un corps dans le ciel et Vostre Majesté attire Dieu, qui est Esprit, en terre.

Qu'un corps pesant de sa nature s'eslève en hault contre son poids, c'est une merveille bien grande, mais qu'un esprit incapable de poids, qu'un esprit tout brûlant du feu de charité s'abaisse en bas, contre le mouvement du feu qui monte en hault, c'en est une autre qui ne semble pas moindre.

Mais que dis-je, que Vostre Majesté attire du ciel un esprit, c'est un vray corps, ouy, Sire, c'est un corps et un esprit tout ensemble, un corps d'homme et un esprit de Dieu, et un esprit de Dieu en un corps d'homme; et partant, ainsi que Dieu reçoit la Vierge en corps et en esprit, Vostre Majesté va recevoir le vray corps de son Dieu, animé de l'esprit de sa Divinité.

Que Dieu tire la Vierge en hault, c'est chose merveilleuse, mais qui se peult comprendre, la raison nous faisant cognoistre qu'il est aisé au fort d'emporter le foible; mais que Vostre Majesté, foible en comparaison d'une force infinie, attire son Dieu tout-puissant, c'est chose qui surpasse et nos sens et nos entendements.

Cependant, il est vray, vous forcez Dieu de venir à vous; et en effet, à bien considérer, ce n'est point merveilles; car bien que le foible ne puisse rien sur

concilié avec son frère et avait trahi ses amis. A la terreur que devait lui inspirer l'exemple que donnait le jugement de son favori, Richelieu voulut joindre la redoutable menace de la colère céleste. On pouvait encore espérer que cette âme timorée et vacillante échapperait aux mauvaises suggestions dont elle était entourée, et que le premier prince du sang se tiendrait dans le parti du Roi. Mais ce prince continua de faire par faiblesse et pusillanimité le mal que d'autres eussent pu faire par ambition et courage; et Richelieu en fut pour ses sermons.

le fort par force de contrainte, il y peult tout par violence et par force d'amour. C'est ainsy que Dieu se laisse faire force; c'est ainsy qu'il descend aujourd'huy, et s'abbaisse devant vous pour l'amour que vous luy portez et celuy qu'il vous porte.

Il descend, Sire, non seulement en vous, mais, qui plus est, en la Reyne, vostre mère, et M[r] vostre frère qui le vont recevoir avec vous.

Bien qu'il ne soit qu'un, il descend en vous trois pour vous monstrer que tous ensemble vous ne devez estre qu'un en luy.

Il attire sa mère pour ne s'en séparer jamais; et non content que la vostre soit attachée à vous par les nœuds de la nature, par les liens d'une forte et puissante inclination, il veult aujourd'huy l'y estreindre de nouveau par les chesnes de la grâce, et par luy-mesme; chesnes qui attachent indissolublement les sainctes âmes qui ressemblent aux vostres.

Au mesme temps qu'il s'unit dans le ciel celle qui est, comme j'ay desjà dit, sa mère et sa fille tout ensemble, au mesme temps vous unit-il, en terre, et vostre mère et celuy que vous tenez et traictez comme vostre fils, fils qui vous doibt aimer, respecter et craindre toute sa vie, non seulement comme son vray Roy, mais comme son vray père, et qui ne peult faire autrement sans avoir lieu d'appréhender une seconde descente du grand Dieu sur sa personne, non en manne comme celle d'aujourd'huy, mais en feu et en tonnerre.

Il descend en vous tous, soubs l'espèce du pain qui par l'aggrégation de plusieurs grains qui font un tout est un symbole d'union.

Il y descend comme la première unité du monde, comme principe de toutes les unions qui y peuvent avoir lieu et comme ciment qui les rend indissolubles.

Soiez tous unis, à jamais, en son nom; soiez le en son corps, que vous recevez; soiez le en son sang qu'il espand pour vous et que vous prenez.

Soiez le encore en sa divinité qui est conjointe à l'une et à l'autre; soiez le enfin au tout que forment ces parties unies ensemble pour jamais, c'est-à-dire en celuy que je tiens en mes mains, Dieu et homme tout ensemble.

Quelle grâce à la créature d'estre unie à son Créateur, au néant de l'estre à son tout, à l'homme de l'estre à son Dieu et d'estre quasi luy-mesme.

Dieu descend en vous, Sire, et vous comble par ce moyen du plus grand avantage que les princes et monarques de cet univers puissent avoir, puis que le comble de leur grandeur et de leur gloire consiste en la possession du grand Dieu.

Si les Roys sont grands par la domination de leurs subjets, combien le seront-ilz par la possession de leur Créateur et de leur Maistre : ce n'est rien de conquérir le monde si on n'acquiert celuy qui en est le souverain autheur et c'est le tout de l'acquérir en mesprisant le monde.

Acquérez donc tout, Sire, en l'acquérant. Mesprisez tout pour l'estimer, et vous asseurez qu'en l'estimant tout seul vous estimerez toutes choses, puisque hors de luy il n'y a rien, et que vous mesmes qui estes grand en luy et par luy seul, estes moins que rien considéré sans luy et hors de sa protection et de sa grâce.

Quels mystères! Que vostre esprit se ravisse à soy-mesme pour se donner entièrement à la considération de leur hautesse; sortez hors de vous, pour entrer en celuy qui va entrer en vous sans sortir de luy-mesme.

Contemplez sa grandeur, chérissez sa bonté, admirez l'un et l'autre et puis qu'il reçoit aujourd'huy la Vierge au ciel pour l'y faire régner à jamais, parce qu'autresfois elle l'a receu en terre; sans plus différer, recevez-le de cœur et de bouche[1] avec révérence, affin que dès cette heure, il vous fasse heureusement régner sur vostre peuple, et qu'un jour il vous reçoive en son Saint Paradis, et vous y donne un autre règne d'éternelle durée.

Recevez-le, Sire, en proferant devant, avec humilité et vérité tout ensemble: *Domine non sum dignus*.

[1] Il y avait : « d'affection. »

www.ingramcontent.com/pod-product-compliance
Lightning Source LLC
Chambersburg PA
CBHW071811090426
42737CB00012B/2039

* 9 7 8 2 0 1 9 6 0 5 6 5 0 *